THE
GREATEST
SECRET

ザ・グレイテスト・シークレット

THE GREATEST SECRET

ザ・グレイテスト・シークレット

Rhonda Byrne

ロンダ・バーン

ハーパーコリンズ・ジャパン

Creative direction and artwork by Nic George
Graphic art and design by Josh Hedlund
Book layout by Yvonne Chan

Published by K.K. Harpercollins Japan, 2021

すべての人々に捧ぐ

最も偉大なる秘密があなたをあらゆる苦しみから救い
とこしえの幸福をもたらさんことを

それが私からあなたへの、全人類への願いです

「人間が生きている間に学ぶあらゆることの中で、
もっとも重要なことを、
もっとも素晴らしいことを教えよう……」
ムージ

目次

はじめに   17

CHAPTER 1   すぐそばにあるのに見えないもの   22

CHAPTER 2   「最高の秘密」発現   34

CHAPTER 3   発現は続く   64

CHAPTER 4   あなたは夢を見ている……今こそ目覚めるとき   82

CHAPTER 5   マインドからの解放   96

CHAPTER 6   感情の力を理解する   116

CHAPTER 7   悪感情の終焉   134

CHAPTER 8   苦しみの終わり   154

CHAPTER 9   あなたを枠にはめる信念を消し去る   168

CHAPTER 10   永遠の幸せ   182

CHAPTER 11   世界：すべてはうまくいく   210

CHAPTER 12   終わり──終わりなどどこにもない   226

ザ・グレイテスト・シークレット　プラクティス   246

ザ・グレイテスト・シークレット　賢者たち   252

謝辞

　多くの人々の助けと支えなくして、『ザ・グレイテスト・シークレット』はこの世に誕生しなかったでしょう。まず最初に、本書で触れる素晴らしい教えを授けてくれた賢者たちに感謝を。彼らは恩寵（おんちょう）と叡智（えいち）の象徴であり、その存在と、この人生を変える1冊に喜んで寄与してくださったことに対し、感謝しきれません。

　本書で取り上げた科学者、そして医師のみなさまに。もはや用をなさない古きパラダイムの暗黒時代から私たちを連れ出し、私たちが本来在るべき無限の存在として輝かせてくれる、最先端の叡智を授けてくださったことに、最大の感謝を。

　私とともにこの『ザ・グレイテスト・シークレット』を作ってくれた、シークレット・チームのみなさんに。このプロジェクトに対するみなさんの献身と支えに対する感謝は、どんな言葉でも語り尽くすことができません。私が、世界と分かち合うべき大発見をしたと告げると、いつでも大きく息を呑（の）み、いったい何が起きるのかとはらはらしたことでしょう。ですがみなさんはひとり残らず、かけがえのないその力を差し出そうと心を開き、私が求めるレベルにまで意識を高めてくれました。

　スカイ・バーン（私の娘です）は、『ザ・シークレット』の編集者であり、私の編集者であり、私が執筆するすべての本にとっての人間羅針盤ともいえる存在です。私の本を編集するにあたり、スカイはすべての教えを、可能な限り高いレベルで理解しなくてはいけません。そうでなくては、私が道をはずれることなく最大の欲求——何百万人という人々を苦しみから解放して歓喜へと連れ出すべく、できるだけシンプルに書くこと——を満たせるよう確

かな導き手になることができないからです。企画段階から1冊の本に関わるというのは並大抵のことではありませんし、彼女ほど素晴らしく、そして完璧にその仕事ができる人などこの惑星にふたりといません。その導きの手は、この本のすべてのページに触れてくれました。深く計り知れぬ感謝を、スカイに捧げます。

　すべてのページに触れてくれたもう1本の手、それは私たちのクリエイティブ・ディレクター、ニック・ジョージのものでした。この本を飾る美しいデザインは、彼のたぐいまれな創造の才能が生み出してくれたものです。彼の美しくクリエイティブな目と手、そして深淵な直感的センスが生み出してくれたものなのです。ニックと新たな本を作るのは純粋な歓びであり、彼がいてくれることには感謝を禁じえません。そして、ニックとともに本書の装丁を手掛けてくれたジョシュ・ヘドランドにも感謝を。

　グランダ・ベルに。あらゆる教えが正確にこの本のページ上に広がるよう、導師、寄稿者、そしてチームのみなさんと熱心に協力してくれました。自分のことは後回しにして、夜も週末も休むことなく尽力してくれたことに、心からの感謝を。

　素晴らしいシークレット・チームのみなさんにも。CFOのドン・ジックは、私たちの会社がいつ次の飛躍的進歩をしてもいいよう、法務・財務的な問題をクリアし、すべてが私たちの意のままにいくよう尽力してくれました。

　私たちのソーシャルメディア・プラットフォームを見事に管理し、世界中の国々までこの本の話が間違いなく行き届くようにしてくれた、ジョシュ・ゴールドに。私と一緒に最初からこの旅に出てくれた、この本に欠かすことのできないひとり、マーシー・コルタン゠クリリーに。そして、『ザ・シークレット』が世に出る10年も前から私とともにいてくれた、プロデューサーのポール・ハリントンに。どのようにすればこの本に書かれた大切な真理をシンプルに

届けることができるのかと頭を悩ませていた私に、『ザ・グレイテスト・シークレット』を書くよう励まし、ひらめきを与えてくれたのがポールでした。そのうえポールはティム・パターソンとともにオーディオ・ブックの編集作業も行ってくれ、本書に書かれた啓示の言葉に声を与えてくれたのです。

　ハーパーコリンズの最高のチームにも感謝を。彼らがこの本の作業に注ぐ熱意は、みんなにも伝染しました。ハーパーワンの社長であり編集者のジュディス・カー、そして私の素晴らしい担当編集者、ギデオン・ウェイルに。ふたりと働くのはこのうえない歓びでした。そして、ブライアン・マレー、テリー・レオナルド、イヴォンヌ・チャン、スザンヌ・クイスト、ライナ・アドラー、エドワード・ベニテス、アリー・モステル、メリンダ・マリン、エイドリアン・モーガン、ドワイト・ビーン、アナ・ブラワー、ルシール・カルヴァー、ロージー・ブラックにも感謝を。

　ハーパーコリンズ・インターナショナル・チームのみなさん：シャンタル・レスティヴォ＝アレジ、エミリー・マーティン、ジュリエット・シャプランド、キャサリン・バルボサ＝ロス、そしてジュリアナ・ウォジクに感謝を。ハーパーコリンズUKチームのみなさん：チャーリー・レッドメイン、ケイト・エルトン、オリヴァー・マルコム、カチャ・シップスター、ヘレン・ロチェスター、サイモン・ギャラット、そしてジュリー・マクブレインに感謝を。そして、全ハーパーコリンズ・グローバル・パブリッシング・パートナーに：ブラジル、スペイン、メキシコ、イタリア、オランダ、フランス、ドイツ、ポーランド、日本、そしてノルディックに感謝を。

　とても大切なフィードバックで私を助けてくれた、下記の人々に感謝を。ピーター・フォヨ、キム・ウォール、ジョン・ウォール、ハンナ・ホジドン、マーシー・コルタン＝クリリー、マーク・ウィーヴァー、そしてフレッド・ナルダー。

　私の家族、ピーター・バーン、オク・デン、ケヴィン（キッド）・マケミー、ヘンリー・マケミー、サヴァンナ・バーン＝クローニン、そして16年前、真理を探求する奇跡の旅路へと私が旅立つ力になった、娘のヘイリーに。最愛の姉妹、ポーリーン・ヴァーノン、グレンダ・ベル、ジャン・チャイルドに。私を愛してくれたことに、そして私に愛させてくれたことに。

　そして最後に、4年間にわたって真実の言葉と教えで私の人生を変え、自分の本当の姿をはっきりと見せてくれた素晴らしく、そして美しい賢者に感謝を。みなさんが今手にしているこの本は、優しく、そして辛抱強く私を家へと導いてくれた彼女のおかげで生まれました。惜しみない無限の愛情を、彼女に。

...the most obvious element of experience and... ...
...verbalized... the secret of secrets... the end of delusion... is ...
you can't see it... so subtle your... I can't understand it...
simple you can't believe it... so good you can't accept... it...
hidden that the most concealed... ... the greatest thing a...
human being can make... hidden in plain... ... more...
than the most concealed... more evident than the most evident
thing... ...
...
...
...
...
...
by nineness... the ... ... you have ...
world... ...the most ... the most of experience... ... ... the
most ... looked... the secret of secrets... the end of delusion...
lose you ... if see it... so subtle your mind can't... understand
so simple you can't believe it... so good you can't accept...
...more hidden than ... most concealed... this is the greatest...
... ... man being can make... hidden in plain...
... ...the most concealed... more evident...
... ...that's nothing greater... an ...
... ...plain sight... for every one of us...

はじめに

　2006年に『ザ・シークレット』を世に送り出してからというもの、私は夢という言葉でしか言い表すことのできない人生を歩んできました。『ザ・シークレット』に書かれた原則の数々を心から実践し続けることで、私の心は考えられないほどポジティブになり、そのポジティブな心が日々の幸せに、健康に、人間関係に、そして経済面にも表れるようになりました。そして気づけば、自分を取り巻くあらゆるものに、心からの愛と感謝を抱くようにもなっていたのです。

　それでも胸の中で何かが、真理をもっと探求しなさいと私をずっと駆り立て続けていました。私自身まだ何を探せばいいのかも分からないというのに、私の背中を押していたのです。

　私は自分でも知らないうちに、10年の旅路に続く道へと踏み出しました。はじまりは古代ヨーロッパの伝統、薔薇十字団の教えを学びはじめたことでした。何年にもわたり、私は薔薇十字団の深淵な教えの数々を学んでいったのです。それだけでなく、仏教、キリスト教神秘主義、神学、ヒンドゥー教、道教、イスラム教神秘主義も長年をかけて学びました。そうして古代の伝統と歴史に残る教えの数々を学んだ私はふたたび今の時代へと立ち返り、J・クリシュナムルティ、ロバート・アダムス、レスター・レヴェンソン、ラマナ・マハルシなど近代の賢者たちや、現代を生きる賢者たちの教えを学びはじめました。

　そんな旅の中、私はまだ世に知られていないことをたくさん学びました。しかしいくら素晴らしいものに思えても、真理を見つけたと感じさせてくれるものにはひとつとして出会えませんでした。そうして年月が過ぎていくうちに私は、この人生は永遠に続く探求なのではないかとさえ思うようになっていきました。しかし当時の私は気づいていなかったのです。世界中を探し続けていたというのに、真理は想像したこともないほどすぐそばにあるのだと。

　探求が始まって 10 年。2016 年 1 月のはじめ、目の前に大きな困難が立ちはだかり、私は深い絶望感に襲われました。自分の抱えるネガティブな感情のあまりの深さに、私は驚きました。いつもは明るい気分で過ごしているというのに、こんなにも暗い気持ちになるのかと。ですが真理の探求という旅路で、その絶望こそが最大の贈り物になったのです。

　私は絶望を消し去ろうと iPad を手に取り、ConsciousTV で、デーヴィッド・ビンガムという人物のインタビューを見ました。当時のデーヴィッドは導師ではなく、あなたや私のようなごく普通の人でした。ですが、ひとつだけ違いがありました。20 年にわたり探し求めた末、彼は真理を見つけ出していたのです。

　インタビューを見終わると、私は次に、デーヴィッドが勧めていたポッドキャストを聞きました。そして、「ほとんどの人々はこの発見を見落としてしまう。それは、見つけるのが難しいからではなく、あまりにもシンプルだからだ」という言葉を耳にしたのです。やがて私は、デーヴィッドと電話で話す機会に恵まれました。ふと、彼が私に言いました。

「僕が指差しているものを見てごらん。すぐそこにあるんだよ」

　その瞬間、自分がずっと探してきたものが何なのか、はっきりと分かりました。あまりにもシンプルな、目の前にあるもの……。そして 10 年間にわたる私の探求は、終わりを迎えたのです。この発見がもたらしてくれた幸せと歓び。そのためには長年の旅路は、1秒たりとも無駄ではなかったのだと、私には言い切ることができます。たとえ見つけ出すのに一生かかったとしても、それだけの価値があるのだと。

　たったひとつのシンプルな発見。それがずっと探し求めてきた真理のすべてなのでした。そして、たとえ気づいていないとしても、誰もが探し求めているものなのです。真理に気づいた私は、それはどこにでもあるものなのだと気づきました。10 年にわたって私が読んできたものや学んできたものの中に、その真理はあったのです。それを見つけることができる目を、私が持っていなかっただけなのです。長年を費やしてさまざまな伝統を、哲学を次々と学び続けてきたというのに、私が探し求めていたものは、ずっとすぐ目の

前にあったのです。

　発見の瞬間、私にはわかりました。この発見をもっと深く理解し、あますことなく活かし、世界中と分かち合う以上に大事なことなど何もありはしないのだと。苦難から抜け出せずにいる人々に道を示し、あまりにも多くの人々が耐え忍んでいる苦しみを消し去り、不安も恐怖もない未来を光で照らす――それが私の願いでした。

　私は早くからパソコンに「My Next Book（次の本）」というフォルダを作り、自分が学んだあらゆることをメモし、そこに保存するようにしていました。いつか世界中と分かち合える日がくるはずという希望を胸に、自分が見つけるものをすべて保存しておこうと、本能的に思ったのです。そうしたメモの数々が、この本の基礎になってくれたのです。

　デーヴィッド・ビンガムと知り合い真理を発見した2ヶ月後、私は人生に、そしてこの本の執筆に計り知れない影響を与えたとある人物と出会うことになりました。それまで閉じこもっていた部屋にやって来た彼女を出迎えようと歩きだしたとたん、その姿に大きな力を感じ、私のネガティブな思考が瞬く間に跡形もなく消え去ってしまったのです！　彼女は私がいつも変わらず深く敬愛する賢者たちのひとり、故ロバート・アダムスの弟子でした。私にはすぐ、彼女は私の導師になる人なのだ、私の目を完全に開かせ、真実の人生を歩む力を与えてくれる人なのだと分かりました。そうして今彼女は、4年にわたり私の導師であり続けてくれているのです。彼女の教えはどれも、見事なまでにシンプルです。そして私が間違った方向に進もうとすると、ためらいなくそう教えてくれるのです。彼女の希望により名前を明かすことはできませんが、絶えることのない歓びと幸せで私の人生を満たしてくれたその教えを、みなさんとも分かち合いたいと思います。みなさんにも同じ変化が起きてほしい――それが私にとって最大の願いなのですから。

　この本で取り上げる他の賢者たちと同じく、彼女もまたこの発見を光で照らすことで、私を無知という暗闇から救い出してくれました。彼女のような賢者たちが、見つけ出した真理をより深く理解し、よりしっかりと活かしていくための支えになってくれたのです。私が彼らに抱く愛情は、無限です。私の

　人生をすっかり変えてしまった彼らの言葉は、この本のそこかしこに散りば
められています。
　読み進めていくにつれ、あなたは幸せになり、人生は楽になっていくでし
ょう。そして読み終えたとしても果てしなく幸せに、楽になり続けていくでしょ
う。将来への恐怖や不安に悩まされることは、もうなくなるのです。日々の
苦悩や世界のできごとに感じる憂いやストレスは、消えてしまうのです。今
あなたを悩ませているどんな苦しみからも、自由になることは可能なので
す。そして本当に、自由になるのです。
　目覚ましい啓示の数々が、この本のあちこちに書かれています。しかしそ
れと同時に、そうした啓示をすぐに活かすためのシンプルな実践法も、たく
さん書かれています。そうした実践法だけでもかけがえのない価値がある
──私はそれが本当に役立つという、生きた証なのですから。
『ザ・シークレット』には、あなたがなりたい自分やしたいこと、そして手
に入れたいものを、どう創造すればいいのか、その方法が書かれていまし
た。何も変わりはしません──昔も今も、その方法は同じように真理なので
す。人類がなしえる最大の発見とは何なのか、そして悲観から、頭を悩ませ
る問題から、そして望みもしないさまざまなものから、永遠の幸せと歓びへ
と抜け出す道とは何なのか、それをこの本で知っていただけたらと思います。
　他に必要なものなど、何もありはしません。あなたを『ザ・グレイテスト・
シークレット』へと案内することこそ、私にとって最大の歓びなのです。

CHAPTER 1

すぐそばにあるのに
見えないもの

　この星に生きる何十億という人々の中で、真理を見つけることができるのはほんのひと握りです。そのひと握りの人々は、人生への不安や悲観などまったく持たず、とこしえの平穏と幸せの中に生きています。ところが私たちはというと、自覚するしないを問わず、毎日毎日休むことなく彼らと同じ真理を探し続けているのです。

　この最高の秘密は歴史を通し、たくさんの偉大な聖者や、預言者、宗教的指導者たちによって書かれ、説かれてきました。しかし私たちのほとんどは、たったひとつの大発見も知らないままでいるのです。過去には仏陀、クリシュナ、老子、イエス・キリスト、ヨガナンダ、クリシュナムルティ、そしてダライ・ラマも、この発見を人々に説いてきました。

　時代時代に合わせ、彼らはそれぞれ違う形で教えてきましたが、説いていたのは同じもの——私たちの真理、そして世界の真理だったのです。

「この真理を控えめに、ぼやかして説く宗教もあるが、それでもこれは、すべての宗教の核にある真理なのだ」
マイケル・ジェームス『幸福と生の技法（*Happiness and the Art of Being*）』

　最高の秘密は、誰にでも見えるすぐそばにあるものです。しかし目と鼻の先にあっても、私たちは見落とし続けているのです！　太古の風習では、秘密を隠すには誰もわざわざ見ようとも思わない目の前に置いておくことだと言いました。最高の秘密は、まさしくそこにあるのです。

「それゆえ、カシミール・シヴァ派の伝統において『最高の秘密というものは、どんなものよりも入念に隠されていながら、どんなものよりも明白である』と言われるのだ」
ルパート・スパイラ『気づきへの気づき（*Being Aware of Being Aware*）』

　私たちが何千年もにわたり真理に気づかずにいたのは、目の前にあるものに目を向けてこなかったからです。人は自分の抱える問題に、人生にお

いての修羅場に、世界で起こる慌ただしいできごとにすぐに目を奪われるあまり、目の前に転がっている最大の発見を——苦しみから永遠の幸せへと連れていってくれる発見を——見落としてしまってきたのです。

　しかし、それほどまでに人生を変えてしまうような秘密とは、いったいどのような秘密なのでしょう？　たったひとつで苦しみを終わらせ、永遠の平穏と幸せをもたらしてくれる秘密とは、どのような秘密なのでしょう？

　答えはシンプル。本当のあなたの姿を見せてくれる秘密です。

　あなたはもしかしたら、自分の本当の姿を知っていると思っているかもしれません。ですがもし「自分はこういう名前の、この年齢の、こういう人種の、こんな仕事の、こういう家柄の、このような経験を重ねてきた人間だ」と思っているのだとしたら、本当の自分を目の当たりにして驚嘆することでしょう。

「あなたの助けとなることができるのは、あなたの考えに挑む者だけだ」
アンソニー・デ・メロ（イエズス会司祭）『意識　師との対話と人生の再発見（*Awareness: Conversations with the Masters and Rediscovering Life*）』

　人生を通して人は誤った思想や信念をいくつも受け入れ、そうしたものに囚われ、隷従させられるものです。私たちは「世界には限界があり、足りないものがあるのだ」と教わってきました——お金も、時間も、資源も、愛も、健康も、足りることなどありはしないのだと。「人生は短い」「お前はただの人間だ」「一生懸命働かなくては何者にもなれはしない」「資源が足りない」「世界は混乱している」「世界には救済が必要だ」。しかし真理を見出したその瞬間、そうした偽りはすべて崩れ去り、その残骸からあなたの幸せが出現するのです。

　あなたはもしかすると、こんなふうに思うかもしれません。

「私の人生は順調だ。なのにどうして、最高の秘密なんかを知らなくてはならないのだろう？」

　アンソニー・デ・メロの言葉を引用するとしましょう。
「それはあなたの人生が乱雑だからだ!」

　違うと言うでしょうか?　私も、自分の人生が乱雑だなどとはまったく思っ
ていませんでした。アンソニー・デ・メロが自分の言葉の意味をはっきりと
示してくれるまでは。

　イライラしたことがあるでしょうか?　ストレスに苦しんだことはどうでしょ
う?　心配したことは?　不安になったり、腹が立ったり、傷ついたりしたこ
とがあるでしょうか?　悲しくなったり、落ち込んだり、失望したりしたことが
あるでしょうか?　不幸だと思ったり、機嫌が悪くなったりしたことはあるでしょ
うか?　もしそんな気持ちをひとつでも抱いたことがあるのだとしたら、それ
がアンソニー・デ・メロの言う「人生が乱雑だ」ということです。

　ネガティブな感情に悩まされるのなど当たり前のことじゃないか、と思う人
もいるでしょう。しかし、人生とは本来、そのようなものではないのです。傷
つくことも、イライラすることも、不安や恐怖を抱くこともなく、絶え間ない幸
せの中に生き続けることは可能なのです。

　人生は、たとえどんな困難な状況であろうとも——特に、このうえなく困
難な状況であろうとも——苦しみの出口は必ずあるのだと示してくれていま
す。ですが、私たちにはそれが見えません。自分の抱えた問題に埋もれて
しまうあまり、その問題から永遠に解放される方法が目の前に転がっている
ことに気づけないのです。

「私たちは幸せを求めてあらゆることを経験し、あらゆる人間関係を結び、
あらゆるセラピーを受け、あらゆるワークショップに参加する——だがい
くら確かに思える「スピリチュアル」なものだろうと、苦しみの根本的な原
因を教えてくれることはない。その原因とは、人が自分の真の姿を知らぬ
ことである」
ムージ『ホワイト・ファイアー（White Fire）』第2版

　苦しみを感じるのは、私たちが自分自身について、真実とは別の何かを信じてしまうからです。私たちは自分がいったい何者なのかを誤解しているのです。人が抱く苦しみはすべて、その誤解から生まれてくるのです。

　真実をお教えしましょう。あなたは自分自身を、そして自分の人生をコントロールできない人間ではないのです。いずれ訪れる死を待ちながら、好きでもない仕事で奴隷のように働く人間ではないのです。生活に追われて苦しみ続けるような人間ではないのです。自分の価値を証明したり、誰かに承認してもらったりしなくてはいけない人間ではないのです。真実をお教えしましょう。本当のあなたは人間ですらありません。人間としての経験をいちばん確かに感じてはいても、大局的に見れば、それはあなたではないのです。

「ものごとは見かけどおりではありません。あなたは自分が思うあなたではないのです」
ジャン・フレイザー『存在の自由（*The Freedom of Being*）』

「人は折にふれ、人生に現れた症状へと目を向けるが、本当の原因は見落としてしまう——それは自分自身の本質に対する理解、そして認識だ。これだけが、たったひとつの万能薬なのである」
ムージ

「人生で味わう不幸や不満、そして苦悩はひとつ残らず、自分の本当の姿を理解できないから、もしくは本当の自分への理解が混沌としているから生じるものだ。だから、あらゆる苦悩や不幸から解放されたいと願うのであれば、本当の自分への無知や理解の混沌から解放されなくてはいけないのである」
マイケル・ジェームス『幸福と生の技法（*Happiness and the Art of Being*）』

　あなたの人生がどのような状態にあるか、それを知る目安は幸福度です。あなたは今、どのくらい幸せでしょうか？　いつでも心の底から幸せでしょうか？　いつも絶え間ない幸せに囲まれて暮らしているでしょうか？　あな

たは、いつでも幸せでいられます。幸せは、あなたなのです。それがあなたの本質。あなたの本当の姿なのです。

「私たちひとりひとりがこの世界で探し求めているのは、まったく同じものだ。すべての存在が、動物までもが、それを探し求めているのだ。では、何を探し求めているのだろう——それは、悲しみと無縁の幸せだ。どんな悲しみも滲むことのない、延々と続く幸せなのである」
レスター・レヴェンソン『意志の力（*Will Power*）』オーディオ版

　私たちの行動や決断はどれも、これで今より幸せになれると思って選ぶものです。誰もが幸せを探し求めているのは、偶然ではありません。私たちは幸せを探し求めながら、実を言うと知らないうちに、自分自身を探し求めているのです！
　物質的なものを頼っていたのでは、永遠の幸せは決して見つかりません。物はいくら手に入れても、いずれは消えてしまいます。ですから幸せを物にゆだねてしまうと、いずれそれが消えると同時に、あなたの幸せも消えてしまうのです。別に、物質的なものが悪いわけではありません（みな素晴らしいものですし、人はどのようなものでも望むままに手に入れられるべきです）。しかし、そうしたものの中には永遠の幸せなど絶対に見つからないのだという気づきを得たとき、それが重要なブレイクスルーになるのです。もし物質的なものが幸せをもたらしてくれるのだとしたら、心から欲しいものを手に入れさえしてしまえば、決して消え去ることのない幸せが訪れるということになります。ですが、そんなことはありません。手に入るのは束の間の幸せだけ。そしてすぐにまた、スタート地点に逆戻りしてしまうのです——また幸せを味わうため、もっともっとと物を求めてしまう状態へと。
　終わることのない永遠の幸せを見つける道は、ひとつだけ——それは、あなたが本当は何者なのか見つけ出すことです。あなたの本当の姿は、幸せなのですから。

「世界は深い不幸に包まれているが、それは真の自己（トゥルー・セルフ）を見落としているから
だ。人間の真の本質は、幸福だ。トゥルー・セルフは、幸福を生まれ持っ
ているのだ。幸福の探求とは、無意識的なトゥルー・セルフの探求である
……。それを見つけたとき、人は果てしない幸福を見つけるのだ」
ラマナ・マハルシ

「この地上に存在する唯一の、そして真の目的とは、制限など何もない自然
な自分の姿を学ぶこと、あるいはふたたび思い出すことだ」
レスター・レヴェンソン『意志の力（*Will Power*）』オーディオ版

「トゥルー・セルフの発見には、無知の暗闇を純粋な理解の光へと変容させ
る力がある。これはもっとも深淵で、重要で、革新的な発見なのだ。瞬く
間に実を付ける1本の木なのだ。自分は何者なのかを——世界を感じ、認
識している自分自身を——悟った途端、実に多くのものが正しいところに
収まる。あなたが探し求めるものが真実であるのなら、知るべきことは、
さほど多くはない。必要なのは、膨大な知識ではない——本来の自分、つ
まりトゥルー・セルフの認識へと至ることなのである」
ムージ

　本当の自分は何者なのかを思い出すこと。何世紀にもわたり、その探求
には実に多くの名前を付けられてきました。悟り、自己実現、自己発見、
覚醒、啓発、回帰。もしかしたらあなたは、悟りなど自分とは無縁だと思う
かもしれません。「私はただの凡人なのだから」と。ですが、それはとんで
もない思い違いです。この発見は——この幸せは、そしてこの自由は——
本当のあなたなのですから、あなたと無縁であるはずなどないではありませ
んか？

「今この瞬間、私には本当の自分を感じることができるのだと、可能性に心
を開きなさい。どうすればいいのか分かりませんか？　唯一の障害は自分

の想像力なのだと、想像力が創り出した壁なのだと気づけばいいのです」
私の導師

「私たちは自由ですが、それを知らずにいます。とてもそんなことはありえ
ない、そんな気持ちになってしまうのです。ものごとがうまくいかなかっ
たり、うまくいったりと、人はそんなことに翻弄されます。しかし（これが
真実）、自由はまさしくここにあるのです」
ジャン・フレイザー『存在の自由（*The Freedom of Being*）』

「自己実現は、無教育の者にも、国王にも可能なものだ。必要な前提条件な
ど、何もない。自己実現は、何年も霊的な修練を積んだ人だけのものでは
ありません——ずっと酒を飲み、煙草を吹かして過ごしている人にもでき
るものなのだ」
デーヴィッド・ビンガム　ConsciousTV

あなたの人生を思い描く

「ほとんど誰も経験したことのないものについて話をしよう。さて、どう言
葉にしようか？　どんな方向性のどんなものにだろうと、制限などありは
しない。思い浮かべただけで、なんでもできる力だ。しかし、それだけで
はない。あなたが手に入れられる最大の歓びを想像し、それを100倍にも
してみるといい」
レスター・レヴェンソン『執着せず、嫌悪せず（*No attachments, No aversions*）』

　自分が何者なのかを完全に理解すると、問題も、いらだちも、痛みも、
不安も、恐怖もない人生を手に入れることができます。死への恐怖からも解
放され、自分自身のマインドに操られたり、苦しめられたりすることも二度と

なくなるのです。誤った概念や信念は、消えてしまうでしょう。そこを明瞭さが、幸せが、歓喜が、平穏が、無限の楽しみや、そして感動が満たし、すべての瞬間が歓びに変わるのです。たとえ何があろうとも自分は安全だ、守られているのだという確信を得るのです。

「我々がこれを理解したとき……究極の幸福が揺るぎなく、そして永遠のものとなる。そして、その訪れとともに我々は不滅となり、あらゆる制約を離れ、不動の平穏を、完全なる自由を、そして誰もが探し求めるすべてのものを手に入れるのである」
レスター・レヴェンソン『幸福はそこにある（*Happiness Is Free*）』ボリューム1−5

　自分が何者なのかを完全に理解すると、人生は努力を必要としなくなります——必要なものは何もかも、努力せずともあなたから現れるようになるでしょう。人生は和らぎ、淀みなく流れはじめるでしょう。足りないものだらけ、制限だらけの人生は永遠に終わるのです。そしてあなたは、世界中のすべてにまで及ぶ究極の力を自分が持っていることに気づくのです。
　自分が何者なのかを完全に理解すると、苦悩も苦闘も終わり、恐怖やネガティブな感情は消えてしまいます。マインドは静まります。歓びが、楽観性が、充足感が、豊かな気持ちが、そして不動の平穏で、あなたは満たされるでしょう。それがあなたの人生になるのです。
　母親であり文学教師であるジャン・フレイザーの言葉を紹介しましょう。

「思い浮かべてください。あなたにずっしりのしかかっていたものが、突然ふわりと軽くなるのです。まだその場にあり、人生から消え去ったわけでなくとも、質量も重みも失ってしまうのです。今まであなたを悩ませ続けてきたものが、1本の木や、通り過ぎていく雲と変わらない、ただの景色の一部になってしまうのです。感情と心の混乱は、すべて完全に止みます。自分でもいつからか分からないほどの昔から何らかの形であなたを縛り付けてきた束縛が、すべて消えてしまうのです。あなたにとっては、ま

るで親友のように身近なもの——話す言葉や肌の色のように身近なもので
す——が、すべて魔法みたいに消え去ってしまうでしょう。後に残ったと
てつもなく大きな空洞に静かな歓喜が流れ込み、朝も昼も夜も、行く先々
どこででも、どんな状況においても、眠りの中ですらも、あなたとともに
在り続けてくれるのです。あなたがすべきことはすんなりと訪れるでしょ
う。理由などなくとも、あなたは幸せを感じるでしょう。頭を悩ませるも
のは何もないでしょう。ストレスも感じません。問題が起きても、あなた
にはどうすればいいか分かっています。それをするだけで、問題は片付い
てしまうのです。以前は気が狂わんばかりにあなたを悩ませていた人々も、
もう気になりません。人々の苦しみに心を寄せることはあっても、自分が
苦しむことはもうなくなります。以前は面倒だったあれこれも、楽しみに
なるでしょう。セラピーは必要ありません。退屈したり、不安になったり、
イライラしたりすることがなくなるからです。仕事や役目をこなさなくて
はいけないときを除き、心は休んでいられるのです。あなたの人生は永遠
に満たされます——満たそうとして何をする必要もありません。どのよう
な困難が訪れたとしても、命ある限りその平穏が続くとあなたには分かる
のです。もうあなたは恐れとも、絶望とも、孤独とも無縁です。たとえど
んなことが訪れようと、理由なき歓びは盤石なのです。それを想像してく
ださい」
ジャン・フレイザー『恐怖が剥がれ落ちるとき（*When Fear Falls Away*）』

　これが、最高の秘密を得るあなたの人生です。これは、あなたの運命な
のです。

CHAPTER1　まとめ

・ たとえ自分では気づいていなくとも、私たちは生きている限り、毎日「最高の秘密」を探し求め続けている。

・ 「最高の秘密」は誰にでも見えるところにあるが、私たちは見落としてしまう。

・ 自分の抱える問題に、人生における修羅場に、世界で起こる慌ただしいできごとにすぐに目を奪われるあまり、私たちは何千年にもわたり真理に気づかずにきた。

・ 人生を通して誤った思想や信念をいくつも受け入れ、私たちはそうしたものに隷従させられてきた。

・ 苦しみを感じるのは常に、自分がいったい何者なのかを誤解しているからだ。

・ 自分の本質を誤解しているせいで、人間は苦しんでいる。

・ 人間としての経験を確かに感じてはいても、大局的に見れば、それはあなたではない。

・ あなたは常に幸せであるべきだ。幸せが、あなたの本質なのだから。

・ 本当の自分の姿を発見することは、数多くの名で呼ばれてきた。悟り、自己実現、自己発見、覚醒、啓発、回帰などである。

- 今この瞬間、私には本当の自分を感じることができるのだと、可能性に心を開く。

- 自分が何者なのかを完全に理解すると、問題も、いらだちも、痛みも、不安も、恐怖もない人生を手に入れることができる。そして歓びが、可能性が、楽観性が、充足感が、豊かな気持ちが、そして平穏が、あなたを満たしてくれる。

CHAPTER 2

「最高の秘密」発現

「あまりに近くにありすぎてあなたには見えない。
あまりに繊細すぎてあなたのマインドが理解できない。
あまりにシンプルであなたには信じられない。
あまりに素晴らしくてあなたには受け入れられない」
ロック・ケリー『自由への変容（*Shift into Freedom*）』チベット仏教のシャンパ・カギュ派についての言及より

　なぜ、真実を発見した人がこんなにも少ないのでしょう？　なぜ私たちのほとんどは、本当の自分が誰なのかを知らずにいるのでしょう？　幸せになるために必要不可欠といえるほど重要なものを、なぜ何十億といいう人々が見過ごしてしまっているのでしょう？

　私たちが最高の秘密を見つけられないのは、ほんの小さな障害物のせい——信念という障害物です。たったひとつの信念が、最高の発見を邪魔してしまっているのです。それは、自分は肉体とマインドなのだという信念です。

あなたは肉体ではない

「我々は、自分は肉体ではないのだと学ぶため、肉体を持ってこの世に生を受ける」
レスター・レヴェンソン『幸福はそこにある（*Happiness Is Free*）』ボリューム1-5

　ある場所から他の場所に移動するため車を使うのと同じように、人はあちこちに移動し、世界を見聞きし、感じるための乗り物として肉体を使います。

「車を持っていたとしても、人は自分を車とは呼ばない。ではなぜ、肉体を持っているからといって、自分を肉体だなどと言うのだろうか？」
レスター・レヴェンソン『幸福はそこにある（*Happiness Is Free*）』ボリューム1-5

　肉体は物質であり、意識を持ちません。自分が肉体であるのを知りません。それが肉体だと知っているのは、あなたなのです。つま先は自分がつま先だと知りませんし、手首は自分が手首だと知りませんし、頭は自分が頭だと知りませんし、脳は自分が脳だと分かりません。肉体の各部をひとつひとつ知っているのは、あなたなのです。あなたはばらばらの部位をすべて知っているのに、部位のほうはどれもあなたを知りません。なのに「あなたは肉体だ」などということが、果たしてありえるでしょうか？

　私たちは本当は何者なのか。過去の偉人たちがこの謎を解き明かすことができたのは、こうした深淵な疑問の数々があったからでした。

「何千年にもわたり我々が抱いてきた最悪の風習とは、自分たちはこの肉体だと信じることである」
レスター・レヴェンソン『幸福はそこにある（*Happiness Is Free*）』ボリューム1−5

「私たちは本当の自分を忘れ、自分たちを物だと思い込んでしまいます。私はこの肉体だ、だから私はいずれ死ぬのだ、と」
フランシス・ルシール

「あなたは肉体が消えれば自分も消えてしまうと恐れている」
レスター・レヴェンソン

　自分を肉体だと信じてしまうと、人間にとって最大の恐怖、死の恐怖が生まれます。肉体が死んでしまえば、自分が存在できなくなってしまうという恐れです。人生に暗雲が立ち込めてしまうようなものです。

「永遠を手にしたいのならば——肉体にしがみつくのをやめなさい」
レスター・レヴェンソン『幸福はそこにある（*Happiness Is Free*）』ボリューム1−5

　あなたは肉体ではない。これは素晴らしいことです。というのも、肉体に

はあらゆる形あるもの同様、いずれ終わりが訪れるからです。世界は形あるものだけで形作られており、永遠のものなどひとつとしてありません。あなたの肉体も、生と死の流れの中で現れ、消えていくものなのです。ですが、本当のあなたが死んでしまうことは、絶対にありません！

「真のあなたが死ぬことはない。肉体は死ぬが、肉体はあなたではないのだ」
ムージ

「肉体と本当の自分、どちらを自分だと思うかは自由だ。肉体は苦痛と同じであり、本当の自分は無限の歓びと同じである」
レスター・レヴェンソン『幸福はそこにある（*Happiness Is Free*）』ボリューム1−5

　困難からの脱却は、自分は肉体であるという信念を捨てるところから始まるのです。

あなたはマインドではない

　頭の中に聞こえる声はあなたではありません。ですがあなたはもしかすると人生の大半、それが自分だと信じてきたのではないでしょうか。頭の中に聞こえる声が自分のものに聞こえようとも、あなたのことをたくさん知っていようとも、とても身近なものになっていようとも、それは断じてあなた自身ではないのです。頭の中に聞こえる声は、あなたのマインドです。そしてあなたはマインドではありません。

「マインドとは、ひっきりなしに現れては消え続ける、思考の集合体である」
ピーター・ロウリー

「思考が存在しなければ、マインドもまた存在しない。マインドとは、思考のことに過ぎないのだ」
レスター・レヴェンソン『幸福はそこにある（*Happiness Is Free*）』ボリューム1−5

　考えてみてください。思考がないとしたら、あなたのマインドはいったいどこにあるでしょう？　マインドは、存在しません。

「人の中にあるのは、思考と感情、記憶と感覚だけだ。それなのに、あなたは思考なのだろうか？　感情なのだろうか？」
ルパート・スパイラ　講演より

　もしあなたが思考なら——さらにいえば、いらだった思考なら——そのいらだった思考が消えたとたんにあなたも消えてしまうはず。あなたは思考でも、感覚でも、そして感情でもありません。もしそうだとすれば、それらが消えた瞬間にあなたも消えてしまうはずだというのに、それでもあなたはそこにいるのですから。あなたは思考よりも先に、感情や感覚よりも先に存在しており、それらが消えてしまっても、完全に無傷のまま存在し続けているのです。自分を見てみれば、はっきりと分かるでしょう。無論、人は思考を、感情を、そして感覚を抱きます。しかし人は、そのどれでもないのです。
　ある意味、人が本当の自分を見過ごしてしまう理由もよく分かります。肉体とマインドの組み合わせは、とても確かなものに感じられるからです。私たちのマインドは常にあれこれと騒ぎ立てますが、そのほとんどには「私」という言葉が含まれています。まるで、マインドこそ私たちだとでも言わんばかりです。そして意外にも、肉体的な感覚もすべてマインドから生じており、これが「私は肉体だ」という信念をさらに強めているのです。

「他人からどう見られているかで、あなたの自意識は左右されます。何かが起きれば、それがあなただけに起きたか、あなたが自ら呼び込んだかに感じられるでしょう……。自分にどんな効果が及ぶのかという不安で、あな

たはそうしたできごとに目を奪われるのです。無事でいたい、害を受けたくない、そう願いながら自分を保ち続けるのです。あなたというものが確かな本物に見えるのです」
ジャン・フレイザー『最高の甘味料（*The Great Sweetening*）』

　あなたは肉体もマインドも持っていない、と言っているわけではありません。ただ、そのふたつは本当のあなたではないのです。肉体とマインドはちょうど自動車と同じように、あなたが物質的な世界を経験するため細かく調整された道具に過ぎないのです。

「本当のあなたを隠しているのは、肉体とマインドが自分なのだという思い込みだけだ。その誤解が、あなたの真の自己を覆い隠しているのだ」
ムージ

本当にあなたは自分が考える
自分自身だろうか？

「あらゆる努力が——自尊心、評判、業績、外見、物質的な豊かさにばかり目を向けたことが——エゴを助長させてしまったことを思うと、これはかつて経験したことのない、魔法の気づきでした」
ジャン・フレイザー『存在の自由（*The Freedom of Being*）』

　エゴ、空想の自己、かりそめのセルフ、分離したセルフ、心理的セルフ。これらは、私たちが誤解している自分自身に導師や賢者たちがつけた名前の、ほんの一例です。どれもこれも、ひと組となって私たちが個人と呼ぶものを作り上げる、肉体とマインドを指す言葉です。自分自身の話をする場合私たちのほとんどが、自分が私だと思っている、この個人の話をしているのです。

「個人とはあなたが経験するものであり、あなた自身ではない」
ムージ

「個人などというものは、存在しない。もし『私は個人だ』と言うのであれば、
どの個人なのかを言わなくてはいけない——かつてひとりの赤ん坊がいた、
ティーンエイジャーの少年がいた、よちよち歩きの子供がいた……それが
理解できるなら、あとは何もかも話が早い」
ディーパック・チョプラ™医学博士

　人 格とは、絶えず変化を続けるものです。では、もし人格があなたなの
だとしたら、あなたはいったいどの個人なのでしょう?　怒れる個人、愛に
満ちた個人、鬱憤を溜め込んだ個人、イライラした個人、それとも優しい個
人でしょうか?　すべて自分だと言う人もいるかもしれませんが、すべてと
いうことはありえません。というのは、もしすべてあなたなのだとしたら、怒れ
る個人は決して消えたりせず、常に存在し続けていないとおかしいからで
す。そして、もし鬱憤を感じているのが本当のあなたなのだとしたら、鬱憤
を溜め込んだ個人が消えた瞬間、あなたの断片も一緒に消えてしまうは
ず。ですが、そんなことは起こらないでしょう?　あなたは怒れる個人よりも
先に存在しており、怒れる個人が消えたあとも存在し続けるのです。あなた
は鬱憤を溜め込んだ個人よりも先に存在しており、鬱憤を溜め込んだ個人
が消えたあとも存在し続けるのです。感情のうつろいが——もしくは人格が
——あなたでないのは明白なのです。

「人格とは便利な道具だが、それで本当のあなたが決まることはありません。
本当のあなたは、あなたが思う本当の自分とかけはなれたものなのです」
ジャック・オキーフ

「本来あるべき真の姿を見つけ出すうえで最大の障害となるのは、『自分は
思考、記憶、感情、感覚の集合体だ』という信念である。それらが集まると、

架空の自我や存在を形成してしまう。『自分はこういう存在だ』という信念が、唯一の障害物なのだ。私たちが抱える心理的問題はすべて、この架空の自我に起因する。心理的問題の元をたどると、必ず架空の自我を本当の自分だとする誤解に行き着くのだ」
ルパート・スパイラ　講演より

「個人が存在しているように見えるのは、『ここに本物の個人がいる』という、消えることも、疑いを持たれることもない信念があるからに過ぎない。だがその信念がないかぎり、個人——もしくはエゴ——は存在することができない。ただの幻影だからである。真実を言うならば、個人などというものは存在しない。肉体という家に住まう唯一の住人、それは純粋な自己（セルフ）、つまり真のあなただけ。残りはすべて、作り物だ。この肉体の住人はふたりなどではなく、ずっとひとりだけなのである。エゴを信じれば現実感が得られるが、それは事実ではなく虚構なのだ」
ムージ

　自分をエゴだ、個人だと信じることの、どこに問題があるのでしょうか？

　そう信じてしまうと自分が小さく思え、とても弱いように感じてしまいます。自分の身に悪いことが起こるのが、怖くなってしまうのです。病気になること、歳をとること、死んでしまうことが恐ろしくなります。今持っているものを失うことが、そして欲しいものを手に入れられないことが、恐ろしくなります。そして「まだ十分ではない」と信じながら何かが欠けた日々を送るはめになるのです。十分なお金がない、十分な時間がない、十分な体力がない、愛情が十分ではない、十分に健康ではない、十分に幸せではない、そして人生が十分ではない……。そして何より悪いのは、自分が十分ではないと思ってしまうことです。そんなものは、真実ではありません——むしろ、真実の正反対です。しかし、「自分はただの個人に過ぎない」と信じ続けているかぎり、私たちは絶対に本物の、永遠の幸せを手にすることはできないのです。

「人は幻の自我のために、考え、感じ、行動し、理解し、語ることに、人生の大半を費やしてしまう。これぞ人間の悲劇であり、喜劇だ」
ルパート・スパイラ『愛情の燃え殻（*The Ashes of Love*）』

「エゴはあなた自身ではありません。しかし、本当の自分の声が聞こえぬほどの騒音をたてるものです。そんなことをさせ続け、エゴに餌と水とを与え続ければ、狂気を生み出してしまうのです」
ジャン・フレイザー『扉を開く（*Opening the Door*）』

「誰もが、個人という毒に苦しんでいる……あまりにも個人的な人生を歩み、個人的なものとして人生を理解し、ものごとを個人的に受け止めてしまう。個人的な意識で人生に向き合うのは、盲目的なことだ。正しき光の中で、ものごとを見られないということだ」
ムージ

　肉体を経験し、マインドを経験し、個人であることを経験する。そうした経験は人にとって、もっともはっきりと感じられるものです。ですが実際にはこれらはもっとも些細(ささい)なものなのです。突き詰めれば、あなたではないのです。肉体が、マインドが、そして個人が消えたとしても、あなたは消えないのですから。

「人の中に、人はいない」
シャクティ・カテリーナ・マギ

　しかしそこには、本当のあなたがいるのです。

「エゴを見抜くこと、エゴを手放すこと——そのような小さな自分が本当にいるのだと信じるのをやめるのは、なぜこんなにも難しいのでしょう？　なぜ私たちは、うわべばかり本物に見える自我にしがみついてしまうのでしょ

う？　その下には、周囲には、上には、もうひとつの素晴らしい現実が——自らの滋養となり、完全な平穏を手に入れさせてくれる頼もしい現実が——あるというのに。なぜ私たちは、数多（あまた）の問題を、そして苦痛すらも生み出すちっぽけなもののために、自分を否定してしまうのでしょうか？」
ジャン・フレイザー『扉を開く（*Opening the Door*）』

大胆ななりすまし屋

　思考、感情、感覚、信念は、あなたに「自分は個人だ」と思い込ませるために絶え間なく働き続けます。私たちはみな、大胆ななりすまし屋です。とても小さな人間のふりをしたり、枠にはまった人間のふりをしているのです。自分は小さくてつまらなく、短い人生を生きて、死に、それで終わりなのだというふりをしているのです。ですがそんなものは、真実から遥かに掛け離れているのです！

「私たちは、存在すらしない空想の人物に取り憑かれてしまっている」
シャクティ・カテリーナ・マギ

　この空想の人物は、まさしく映画の登場人物のようだと言っても構いません。私たちは、登場人物を演じている俳優がいるのを知っていますが、果たして登場人物は俳優の存在を知っているでしょうか？　いいえ、知りません。
　登場人物は空想上のものだからです。

　私たちはありとあらゆる思考をもち、「自分は個人だ」という信念をがっちりと固めてしまいます。そして、ひとつひとつの思考を見てみれば、その核には必ず「私」が見つかるのです。人が自分自身だと信じてしまっている「私」を核とする思考の数々が、何度も何度も「お前は小さく、枠にはまった個人だ」と語りかけてくるのです。頭の中に声が響くまま「これが自分なのだ」と信じてしまうと、その声が告げていることもおのずと信じてしまうことになります。頭脳から生まれ出る思考を、ひとつ残らず信じ込んでしまうのです。

「私は歳を取る」
「私はひどく疲れている」
「私は能力が足りない」
「私には無理だ」
「私には十分な時間がない」
「私は昔のように健康じゃない」
「私は十分なお金を持っていない」
「私は十分に頭がよくない」
「私の視力は昔ほどよくない」
「私は愛されている気がしない」
「人は私に賛同してくれない」

「私にはふさわしくない」
「私は死ぬのが怖い」
「私はどうすればいいか分からない」

　こうした思考はどれもこれも、頭脳があなたに背負わせた限界です。ですが、本当のあなたは無限なのです。あなたを支配できるものなど、ひとつとしてありはしません！　私の導師は、「人はひっきりなしに枠にはまった思考（先ほど並べたような思考です）を細々と続けることで、自ら小さくなってしまう」と言います。そして、自ら小さく枠にはまった人間であることをやめると、本当の私たちは誰なのか、その真実が見えると言うのです。個人はあらゆる意味で、本当のあなたとは正反対です。個人とは、不完全なものなのです。ですが、本当のあなたは完全です。個人は、一時的で限定的な存在です。しかし本当のあなたは永遠で、無限です。個人は、個人主義的で不安定です。ですが本当のあなたは非個人主義的で、いつでも安定しています。個人は気まぐれにころころと感情を変えます。しかし本当のあなたは常に幸せであり、平穏です。個人はとにかく人に厳しく、より好みをします。ですが本当のあなたは人を許し、すべてを受け入れます。個人は病を患い、歳をとります。本当のあなたは年齢の影響など受けず、病はあなたに触れることもできません。個人は苦しみます。本当のあなたは、苦痛からも苦しみからも自由です。個人は死にます。本当のあなたはとこしえに存在し続けます。

不幸と真実を引き換えに

　永遠の幸せを胸に至福の人生を歩む方法は、ひとつしかありません。それは自分の本当の姿を知ることです。問題や悲観、そして心の不和に毒された人生から抜け出す方法、それは、自分の真実の姿を知ることです。

「本当のあなたは限りなく雄大かつ壮麗であり、無欠で、完璧で、完全な平穏の内にある。しかしあなたは自分を限られたエゴだと思い込むことにより、それが見えなくなってしまっているのだ。目の前の覆いを、つまりエゴを捨て去り、永遠に続く完全な平穏と歓びを手に入れなさい。自分自身を見つけたとき——あなたはすべてを手にするだろう」
レスター・レヴェンソン『幸福はそこにある (*Happiness Is Free*)』ボリューム1-5

「人生とは、細々とした無数の問題を解決し続けることではない。そんなことには終わりがないからだ。人生は、ずっと見落とされてきたひとつの根本的なものを、私たちに教えてくれる——私たちの本当の、そして変わることのない自我である。人類は往々にして『突き詰めれば自分は肉体を持つ個人なのだ』と、トゥルー・セルフと食い違う誤解をして生きている」
ムージ

「人生のス・ト・ー・リ・ーに悲劇が入ることはあるでしょう。しかし真実を言うなら、私たちに悲劇など起こりはしないのです。究極的には、ストーリーはこの区別を教えてくれるためだけに存在しているのです。教訓を得たその瞬間、こうしたストーリーまでもが変容し、美を、愛を、知をさらけ出してくれます。悲劇は避けられないのだという思い込みに囚われるのをやめなさい。この思い込みに囚われているかぎり、悲劇は訪れるのですから」
フランシス・ルシール

「聖書の寓話では、己を肉体と精神だと考える者は、砂上に家を建てる者だという。真実の姿を見つけるのは、岩盤に家を建てることである」
デーヴィッド・ビンガム

　真実を探す必要はありません。それは、すでにあなたが真実だからです。自分自身を探すことなど、誰にもできはしないでしょう？　私たちの大半はいつでも自分自身を見ようとせず、本当の自分から目をそらしてしまってい

る。それだけのことなのです。

　ふたつの被写体が写っている写真を見たことはないでしょうか？　初めてその写真を見ると、片方の被写体ははっきりと見えるのですが、もうひとつは見えません。見ようとしても、最初の被写体に焦点を合わせてしまっているせいで、もう片方の被写体がまるで消えてしまったように感じられるのです。

　もうひとつの被写体を視界に捉えるのなら、あなたは視点を変え、焦点をほんの少しだけ緩めなくてはいけません。

　有名な絵画〈ルビンの壺〉を前にすると、まずは互いに見つめ合うふたりか、壺がひとつ見えるでしょう。どちらもはっきりと見るには、絵の見つめかたを変えなくてはいけないのです。

　人は人生のほとんどを、「自分は肉体とマインドなのだ──個人なのだ」という視点で過ごします。しかし自分の姿をはっきり捉えるには、〈ルビンの壺〉を見るように、視点を変えなくてはいけません──ほんの少しだけ。

発現

　ひとつ、簡単な質問をしましょう。

あなたには意識がありますか?

　あなたはきっと「イエス」と答えるでしょう。でなければ、私がたった今した質問に気づいていないということになりますから。もう一度質問しましょう。

　あなたには意識がありますか?

　イエス、あなたには意識があります。赤ちゃんのころも、子供のころも、10代の若者だったころも、そして大人になってからも、ずっと意識があったのです。あなたには生まれてからずっと、意識があったのです。
　意識とは人生でただひとつ、普遍のものです。肉体は変わり続け、マインドは変わり続け、思考も、感情も、感覚も、何もかも変わり続けます。たったひとつだけ絶対に変わらないもの、それがあなたの意識なのです。
　その意識が、真実のあなたです。
　あなたが意識なのです。

「あなたがそれなのです。あまりにも近くにあるものだから、見えないのです。あなたはそれの目を透し、周囲の世界を眺めているのです」
ジャン・フレイザー『存在の自由（The Freedom of Being）』

「本来『私』とは意識のことだというのに、人は肉体を指して『私』という言葉を口にするよう縛られている」
デーヴィッド・ビンガム

　あなたは肉体でも、マインドでも、思考の群れでも、感情でも、記憶でも、感覚でもありません。あなたは肉体を、マインドを、思考を、感情を、記憶を、感覚を、意識する者なのです。あなたが、意識そのものなのです。

「気づきを得た瞬間、あなたの中の何かがそれを認識する」
ムージ

　あなたはこの本を読んでいるのに気づいています。周囲の音に気づいています。自分がいる部屋に気づいています。自分の名前に気づいています。肉体に、肉体を覆う衣服に、自分の呼吸に、肉体の感覚に気づいています。自分の上あごに、足の裏に、手足の指に気づいています。自分のマインドに、頭の中にある思考に、感情や気分に気づいています。そう、気づきがなければ人生の何ひとつ、知り経験することができないのです。

あなたは、すべてに気づいている意識

　意識とは、あなたの人生に起きる経験のひとつひとつ、すべてを感じるものです。あなたの人生を感じているのは、マインドでも肉体でもないのです。あなたは——あなたという意識は——マインドを、思考を、肉体を感じますが、そうして感じ取られたものはどれも、あなたでは絶対にありません。

　導師、セイラー・ボブ・アダムソンは、人は自分が存在していることを知っていると指摘しています——それに疑いを抱いていないのだと。さて。私たちが存在しているのだと知るための方法はただひとつ、私たちは存在しているのだという意識のみです。私たちは、「自分は存在しているのだ」という意識がマインドや肉体から生じるものだと誤解をしてしまいますが、それは真実ではありません。マインドでも肉体でもなく、「私は存在するのだ」という意識こそが私たちの本当の姿なのです。

　ちょっとだけ、肉体もマインドも持たない自分自身を思い描いてみてください。

肉体を捨て

マインドを捨て

名前を捨て

人生のストーリー、つまり過去をすべて捨て

記憶、信念、あらゆる思考を捨て

最後に残ったものを見てください。

最後に残ったのは、意識です。

「言葉が書かれている白い紙を見ろと人に言われると、私たちは突然、その紙があることに気づく。いや、紙の存在には常に気づいてはいても、言葉のみに強く注意を向けてしまうせいで認識できずにいるのだ。意識とは、その白い紙のようなものだ」
ルパート・スパイラ 『気づきへの気づき（*Being Aware of Being Aware*）』

　ちょうどこの紙のように、意識はいつでも私たちの人生の背後にあるものです。しかし、マインドや思考、肉体といったものがとても目を惹き付けるものですから、いつでもそちらにばかり注意を向けてしまうのです。しかし、そうしたものを感じる意識がなければ、マインドを、思考を、肉体を、感覚を感知することはできません。ちょうど、白い紙という背景がなければそこに書かれている言葉など何も見えないのと同じことなのです。

「たとえ少しでも、背景に注意を向けなさい。まったく新たな世界を見つけることができるだろう」
ヘイル・ドゥオスキン

「意識とはものごとを経験するうえでもっとも明白な要素だ。それなのに、ほとんどの人々が見落としてしまっているのだ」
ルパート・スパイラ『気づきへの気づき（*Being Aware of Being Aware*）』

「人が見落としてしまう、繊細な事実があります。それは、意識がダイレクトにすべてを理解しているということです。人は、すべては頭脳を通して入ってくると思い込んでしまうのです。たとえば『私はこう思う』という言いかたを人はよくしますが、注意深く見てみると、実はそこに思うということを感じ取る意識があるのが分かります……つまり思考は、あなたではないのです。思いを感じている何かがあるのです」
デーヴィッド・ビンガム　Conscious TV

　あなたの目を通して世界を見ているもの、それは意識なのです！　あなたの耳を通してものごとを聞いているもの、それは意識なのです！　意識がなければ、人は目にしたものを、聞いたものを、味わったものを、嗅いだものを、触れたものを、感じることができません。そして、五感を通して入ってくる情報を感じることはできないのです。あなたの感覚が感じているのではありません。あらゆる感覚を感じているのは、あなたの意識なのです。

「私たちがものを見るための装置は、それ自体は命を持たず、ものごとを見ることができません。望遠鏡は、それを覗く天文学者がいなければ役に立たないのです。望遠鏡自体は、何も見はしないのです。同じようにマインドの装置も、それだけでは何も見ることができないのです」
フランシス・ルシール『静寂の芳香（*The Perfume of Silence*）』

「あなたは、すべてを感じている意識である」
デーヴィッド・ビンガム

「個人個人の知覚──『私は人間だ、独立した個人だ、肉体という枠の中に閉じ込められたマインドや魂だ』という感覚──は単なる幻想である。これは『私は』という純粋な意識の誤った、そして歪んだ形でしかないのだが、それでもあらゆる欲望や不幸の根本的な原因になるのだ」
マイケル・ジェームス『幸福と生の技法（*Happiness and the Art of Being*）』

「私たちが自分であると思っている『自分』は、ひとつの思考にしか過ぎない」
カリヤニ・ロウリー

「自分からマインドを差し引く。それだけのことで私たちの真の本質が、限界などないトゥルー・セルフが見える」
レスター・レヴェンソン『幸福はそこにある（*Happiness Is Free*）』ボリューム1-5

　マインドは、思考と信念を重ね合わせたベールで覆い、私たちが見ている世界を歪めてしまいます。そうした心のベールが次々と大きく世界を歪め、私たちにはものごとがありのままに見えないようにしてしまうのです。

「頭脳を通して、本当のあなたが見つかることは絶対にない。それは、マインドこそ本当のあなたを覆い隠しているものだからだ。マインドを捨て去らないかぎり、本当のあなたを見つけることはできないのだ」
レスター・レヴェンソン『幸福はそこにある（*Happiness Is Free*）』ボリューム1−5

　マインドを捨てないまま真理を見ようとするのは、目隠しをしたままものを見ようとするのと変わりません。本当の自分を見るにはマインドを捨てなくてはいけないのと同じように、ものごとを見るには目隠しを捨てなくてはいけないのです。

「頭脳で意識を理解しようとするのは、ロウソクの炎で太陽を照らすようなものだ」
ムージ『ホワイト・ファイアー（*White Fire*）』第2版

　私たちのほとんどは自覚すらないまま、マインドから生じる思考のノイズにいつでも目を向けてしまっています。意識は常にそこにあるものですが、このノイズが途切れたときには、その存在に気づくのが遥かに容易になります。思考が止まると、ずっと静かなまま背景にあった意識をたえまなく感じ続けられるようになるのです。

マインドという覆い

「悩みや修羅場、そして強迫観念を通して自分を理解することに慣れてしま

うあまり我々は、真の本質であり生まれ持った善良さである覚醒意識を、本当の自分としてなかなか受け入れられなくなってしまうのだ」
ロック・ケリー『自由への変容（*Shift into Freedom*）』

『覚醒意識』は、ロック・ケリーが意識につけた名前です。ですがこれは、過去の、そして現在の導師たちが本当のあなたを説明するために用いた、数多くの名前のひとつにしか過ぎないのです。意識、覚醒意識、コンシャスネス、存在、仏性、キリスト意識、神意識、魂、自我、神、無限の知性、無限の存在、トゥルー・ネイチャー、真の自己、神の存在、純粋意識、他にもまだまだあります。ですが、どの言葉もまったく同じものを意味しています——それは、あなたという意識です。

「私たちはあまりに賢く、人生はあまりに複雑だ。だから、覚醒意識に気づくだけで苦しみが解決してしまうなどとは、とても信じられないのである。そしてまた『もっとも重要なものはすでに自分の中にあるのだ、長い冒険も、犠牲も、自ら育む必要もないのだ』というのも、にわかには信じがたいのだ」
ロック・ケリー『自由への変容（*Shift into Freedom*）』

「この話のもっとも愉快なのは、そのシンプルさだ」
ピーター・ロウリー

　実に愉快ではありませんか。本当の自分は、自分の呼吸よりも身近なものだというのに、大多数の人々から何千年にもわたり逃れ続けてきたのですから。
　私たちは思考が私たちの頭脳にかける催眠術のような働きのせいで、意識をすっかり忘れてしまい、こんなにも単純で、こんなにも素晴らしい発見を逃してしまってきたのです。私たちは普段、マインドの中に流れる思考や、五感を通した理解だけに注意を向けてしまいます。そして注意を逸している間に、いつでもそこにあるものを、つまり意識を見落とすのです。

「肉体にもマインドにも、問題などありはしません。唯一の問題は、私たちが意識をそれらと混同することなのです。この混同が起きてしまうと、意識が本来の輝きを存分に放つことのできる余裕が失われてしまうのです」
フランシス・ルシール『**静寂の芳香**（*The Perfume of Silence*）』

「少しの間、ペルソナを脱ぎ捨てなさい。そんなものは、ただの服に過ぎません。長年着古されて破れてしまった、ぼろぼろでシミだらけの服なのです」
パメラ・ウィルソン

「私たちのセルフは——輝かしく、オープンで、空っぽの意識は——マインドや肉体と同じ限界や運命を持っているのだと信じてしまうのは、映画のスクリーンが作中の登場人物と同じ限界や運命を持っているのだと信じるようなものである」
ルパート・スパイラ『**愛情の燃え殻**（*The Ashes of Love*）』

「自分たちを人間だと思っていても、人は無限の存在である。真の自分を見誤ってしまうわけだが、本当の自分は決して彼らを見捨てることなく、常にそこにいてくれるのだ」
デーヴィッド・ビンガム

　マインドは人が思考を持つときにのみ現れ、思考が終われば消えてしまいます。しかし意識は現れたり消えたりするものではありません。意識は常に、たとえ眠っている間であろうとそこにあります。眠ると消えて起きるとふたたび現れるように感じられはしますが、それでも人が「よく眠れた。赤ちゃんみたいにぐっすり眠ったよ」のように言うことを思えば、よく眠れたことをちゃんと知っているのです。なぜ、赤ちゃんのように眠ったことを知っているのでしょう？　それは眠っている間も意識がそこにあり、ちゃんと感じていたのを知っているからなのです。

　自分自身に「私には意識があるか?」と質問をしてみると、意識があるのにすぐに気づきます。現れるのではありません。いつでもそこにあるのです。あなたはただ、思考から意識へと注意を向ければいいだけ。それだけで、自覚的に意識できるようになるのです。

　意識以外のものは何もかも、いずれ終わりか死を迎えます。物質的なものはひとつの例外もなく、訪れては去り、現れては消えるものなのです。地上のすべてのものが——肉体も、街も、国も、そして海もです——現れ、いずれは消えてしまいます。少しだけ時間を取り、そのことを考えてみてください。きっと何も残りはしないと分かることでしょう。地球自体も、太陽も、太陽系も、銀河すらも、すべては儚いものなのです。永遠に存在するものなど、たったひとつの例外を除き、何もありはしません。そう、あなたの意識を除いて!

　肉体は歳を取るものですが、人はそれでも、歳を取った気がしない、若いころと変わらない気分だ、と言います。肉体が歳を取ったとは確かに感じていても、心の奥底では、そんなふうにはまったく感じていないのです。気づいていないうちに、本当の自分たちは時の流れを超越した意識なのだと感じ取っているのです。

「自分の過去を、子供時代を思い出すとき、憶えているのはいったい誰だろう?　それは、私だ。経験を知り、経験を記憶しているのは私なのである」
ディーパック・チョプラ™医学博士

　5歳の、15歳の、30歳の、そして60歳の私たちが言う私とは、この人生をすべて見つめている、年齢を超越した意識なのです。

　5歳「私はもうすぐ学校に入学する」
　15歳「私は卒業が待ち遠しい」
　30歳「私はついに婚約した」
　60歳「私はまだまだ隠居する気などない」

「自己実現。それは、人生のうわべで起きている外見の変化というものは、永遠の、そして盤石に安定した意識の――つまり変わることのない真の自己の――中で起きているのだと理解することです」
デーヴィッド・ビンガム ConsciousTV

「これはおとぎ話ではありません。木々や、政治や、地面に立つ木々を支える根や、新聞とそこに書かれた記事とまったく同じ現実のものなのです。レッド・ソックスや、ガス代や、義理の両親との諍い（いさか）や、授業料の請求書と同じ現実のものなのです。いや、そうしたものよりも大事な真実だといえるでしょう。なのに人々に直接感じられることはおろか、見られることも感じられることすらもほとんどないのです」
ジャン・フレイザー『扉を開く（*Opening the Door*）』

「完璧で、無欠で、歓びに満ち、決して消えることのない無限の存在は、誰もが直接繋（つな）がっているものだ。誰もが持っているものだ。今この瞬間、そ

れと直接繋がっていない人など、ひとりもいはしない！　だが間違った学びをし、自分には限界があるのだと長きにわたり思い込み、外にばかり目を向け、私たちは目を曇らせてしまった。『私はこの物質的な肉体だ』『私はこのマインドだ』『私はこの肉体とマインドから成り立ち、問題やトラブルを山のように抱えている』という概念により、私たちはこの無限の存在を覆い隠してきてしまったのだ」
レスター・レヴェンソン『幸福はそこにある（*Happiness Is Free*）』ボリューム1−5

「これは、多くの宗教で『解放』や『救済』と呼ばれる状態と同じものだ。なぜならば、真の自己認識であるこの状態においてのみ私たちは、自分は独立した個人なのだという思い違いの束縛から——肉体という限界の中に押し込められた自我から——自由になり、救われることができるのである」
マイケル・ジェームス『幸福と生の技法（*Happiness and the Art of Being*）』

　宗教の中には、知覚や意識を神の存在としているものもあります。人が神聖な経験をすると——神に触れられたように感じる経験のことです——個としてのマインドやエゴは落ち、意識が、もしくは神の存在が現れます。そして、神性であることが疑いようもなく分かる、純粋な愛が、無限の平穏が、美が、幸せが、至福が感じられるのです。

「実際には、人は人間というよりも無限の存在なのだ。人間としての経験を持つ、無限の存在なのだ」
デーヴィッド・ビンガム

　人生の真実と私たち自身の真実はあらゆる意味において、私たちが教わってきたものとはまったくの正反対です。幸せを、充足を、答えを、そして真実を求めるのならば、外の世界にではなく、私たちはむしろ内側に目を向けなくてはいけません。なぜなら、探し求めるものは何もかも、そこにしかないのですから。息を呑むようなこの世界も、そこにあるすべても、あます

ことなく楽しむために存在するもの。しかし幸せ、歓び、愛、平穏、知性、そして自由――つまり本当のあなたである意識――は自分の中にしか見つからないのです。

CHAPTER2　まとめ

・　大いなる発見から私たちを妨げているのは、たったひとつの信念だけ。
　　それは、「自分は肉体であり、マインドなのだ」という信念のこと。

・　あなたは肉体ではない。肉体とは、世界を経験するための乗り物だ。肉
　　体は意識を持たない。

・　自分を肉体だと信じてしまうと、人間にとって最大の恐怖、死の恐怖が
　　生まれる。

・　本当のあなたが死んでしまうことは、絶対にありえない。

・　あなたはマインドではない。マインドとは、ただの思考にしか過ぎないか
　　らだ。思考が存在しなければ、マインドも存在しない。

・　あなたは思考でも、感覚でも、感情でもない。もしそうだとすれば、それ
　　らが消えると同時にあなたも消えてしまうからだ。

・　肉体とマインドが個人を、つまり空想の自分を作り上げる。

・　あなたは肉体を経験し、マインドを経験し、個人として在ることを経験す
　　るが、それはあなたではない。

・　個人とはあなたが体験するものであり、本当のあなたではない。

・　自分は個人だという信念にしがみついている限り、永遠の幸せは絶対に
　　手に入らない。

- 自分には限界があると思い続けているうちに、私たちは小さな、限りある人間のふりをするようになる。

- 本当のあなたは無限だ。つまり、あなたを支配できるものなどありはしないのだ。

- あなたはずっと意識を持ち続けてきた。意識とは今も、これまでも、そしてこの先も変わることのない、たったひとつのもの。

- その意識こそ、本当のあなただ。あなたが意識なのだ。

- 意識がなければ、人生を知り、経験することはできない。

- 人生を感じているのは、マインドでも肉体でもない。あなたの人生経験をひとつひとつ欠かすことなく感じているのは、意識だ。

- 肉体もマインドも、名前も、人生のストーリーも、過去も、記憶も、信念も、思考もなくなったと想像してみる。あとに残るのは、意識だけだ。

- 普段の私たちは思考に、そして理解したあらゆるものにばかり目を向けてしまい、いつでもそこにあるものを、つまり意識を見落としてしまう。

- 眠っているときでさえ、意識はそこにある。

- 「私には意識があるか?」と自分に問いかけると、意識はすぐそれに気づく。現れることはないが、常にそこにある。

- 意識以外のものは、いずれ終わりか、死を迎える。

- 人がさまざまな年齢で自分を指して使う私とは、人生すべてを見つめている、年齢を超越した私、つまり意識のこと。

- 幸せを求めて外の世界に目を向けるのではなく、内側を見つめなくてはいけない。探し求めるものはすべて、そこで見つかるのだから。

CHAPTER 3

発現は続く

あなたは意識です。何かを感じている個人ではありません。あなたは無限の意識そのものなのです。

フランシス・ルシールが言ったように、天文学者がいなければ望遠鏡はただの道具にしか過ぎません。あなたの肉体とマインドも、同じく道具でしかないのです。では、あなたの目を通してものごとを見ているものは、何なのでしょう？　あなた、つまり意識です！　音を聞いているのは？　あなた意識です！　意識があるからあなたの肉体は生きています——意識とは、物質的な肉体を動かす、生命の力なのです。

「根本的な過ちは、人間が意識を感じているという思い込みだ。これは間違いである。感じることができるのは意識だけであり、それゆえ、意識を感じることができるのは、意識だけなのだ。私が『あなたは意識があるか？』と問えば、あなたは自分の感覚を確かめ『イエス』と答えるだろう。その『イエス』こそ、意識が感じているのだという証明だ。意識があると感じているのは、肉体でも脳でもないのだ。肉体も脳は、感じられこそすれ、自ら感じたりはしない」

ルパート・スパイラ『意識の光（*The Light of Consciousness*）』

存在するのはひとりだけ
私たちの名前、それは「私」

「感じることができるのは、意識だけ。人間は感じない。犬や猫は感じない。意識だけが感じるのだ。意識はひとつしか存在しない。ちょうど、宇宙がひとつしか存在しないのと同じだ。その意識は我々ひとりひとりのマインドに反映され、その結果、私たちのマインドにそれぞれの意識があると見えるようになるのだ。これはちょうど、どの建物もそれぞれ個別の空間を

内包しているのと似ている。いくら我々ひとりひとりのマインドが個別に感じてはいても、存在するのはたったひとつの意識、無限の意識だけなのだ。どの建物が内包する空間^{スペース}も同じ宇宙^{スペース}であるのと同じことだ」

ルパート・スパイラ　講演『意識のみが、すべてを感じる（*Awareness Is the Only Aware Entity in Existence*)』より

　この無限の意識が——唯一無二の意識こそが——あなたであり、他の人々なのです。たったひとつの同じ意識が、すべての人々を通して働いているのです。私たちは、ひとり。私たちの名前、それが私なのです。

「私はひとつしか存在しない。あなたも他の人々も、等しくその私なのだ」

デーヴィッド・ビンガム

　命あるあらゆるものを通して、ひとつの意識が働いています。物質的なものはどのような姿形であれ、たったひとつしか存在しない無限の意識の媒体にしか過ぎません。これこそが「私たちはひとつだ」という教えの真の意味なのです。意識と心とは、同じものを意味する別々の言葉。どちらもあなたのことです。

「今こうした言葉を読み、理解しているごくありふれた意識は、同時にあらゆる生命に息づく神聖な意識でもあるのです。この宇宙全体に、ぽつねんと孤立した存在などひとつとしてありはしないのです」

フランシス・ルシール『真実、愛、美しさ（*Truth Love Beauty*)』

「私たちはひとつだ。私たちの中にはたったひとつのものしかなく、私たちというたったひとつのものしかないのである」

ムージ『ホワイト・ファイアー（*White Fire*)』第2版

　これは、1兆もの細胞が命を宿し、働き、私たちの肉体を動かしているの

と少し似ています。それぞれの細胞は知らなくとも、すべての細胞がひとつの人間を作り上げているわけですから。この世界には数十億の人々が暮らし、それぞれが個人として生きています。そしてほとんどの人は知らなくとも、その全員が唯一無二である無限の存在なのです。

「意識とは個人的で限界のあるものだ。ひとりひとりが別々の独立した意識を与えられているのだ、だから数多の意識が存在しているのだ。私たちは、そう信じるよう教えられてきた。ふたつの物体があれば、境界や輪郭が一目瞭然であるものだから、そのふたつが別々のものだというのは分かりきっており、深く考えもしない。しかし、意識には境界も輪郭もありはしない」
フランシス・ルシール『真実、愛、美しさ（*Truth Love Beauty*）』

　ですが、もし意識や心がたったひとつしかないのであれば、なぜ他人の思考や肉体の感覚を感じ取ることができないのでしょうか？　なぜアフリカの動物が見ている景色や聞いている音を感じ取ることができないのでしょうか？　それは、意識というものはあなたの頭脳に染み渡りながら、あなたの肉体に最適化されていくからです。それに加え、「自分は独立した個人なのだ」という確信が、意識の広大さを体験するうえで妨げになるのです。しかし人のために同情や愛情を感じるとき、あなたは自分が思うよりもずっと強く、意識と調和しているのです。

　誰もが、本当の自分である意識を垣間見ます。ですがほとんどの場合、そんなものは気のせいだと思って素通りしてしまうのです。ですが憶えているかどうかはともあれ、私たちは言葉では説明できない経験をするものです。特に、子供のころにはそうです。自分が世界を包み込んでしまうほどに大きく広がったかのように感じるかもしれません。誰にも見えない、聞こえないものを見聞きするかもしれません。
　それは、子供たちのマインドがまだ、固定観念や信念といったもので意識を覆い隠したりしていないからなのです。2歳半に満たない子供たちというも

のは純粋な、そしてシンプルな意識です。独立した個人としての経験をまだ持たないので、自分のことまで三人称で見るものなのです。2歳のサラは写真に写った自分を指差し「サラが写ってるわ！」と言います。「私が写ってるわ」とは言いません。これは、まだ自分を私という独立した個人と感じたことがないから。「すべてはひとつであり自分もそうなのだ、誰もがそうなのだ」と感じたことしかないからなのです。

「私たちの意識の他には、何も存在しない。意識がひとつだけ存在しており、それが私たちなのだ」
レスター・レヴェンソン『幸福はそこにある *(Happiness Is Free)*』ボリューム1-5

　意識、心はあなたの体内を満たし、そして肉体の外も満たしています。意識とは形を持たないものだから、肉体に閉じ込めておくことはできません。これは、宇宙を瓶の中に閉じ込めるようなものです。そうしたところで宇宙は瓶の中も、そして外も満たしているのですから。むしろその瓶が宇宙の中にあるのです。私たちの肉体がすべて、意識の中にあるのと同じように。文字通りすべてのものが意識の中にあり、だからこそ悟りを開いた人々は「自分はすべてである」と感じるのです。事実、彼らがすべてだからなのです。そしてあなたも意識である以上、同じなのです！

「あなたの瞳の裏側には、同じ意識があるのです。イエスの、仏陀の、クリシュナの、そしてすべてのまなこの裏側にあるのと同じ、たったひとつの意識があるのです」
私の導師

　想像してみてください。あなたの意識も、偉大な賢者たちの意識と何も変わらないのだと。あなたはそんなにも、彼らに近い存在なのだと。どんな賢者だろうと、遠い存在ではないのです。あなたは、彼らとひとつなのですから。

「人が当たり前だと思っているありきたりの意識が、なんと宇宙そのものの意識だということ——宇宙の真の核だということ。これが神秘であり、魔法なのだ」
フランシス・ルシール『真実、愛、美しさ（*Truth Love Beauty*）』

意識で在り続けるために

　本当のあなた、つまり意識になるための道はありません。これは、何らかの形で手に入れるようなものではないのです。誰かが持っているのにあなたは持っていない、というようなものではないのです。あなたは今、すでに意識なのです。ともすればあなたはそれを見落とし、今までずっと「自分はただの一個人なのだ」と信じ続けてきたかもしれません。ですが、たとえそうだとしても、本当のあなたは誰なのかは変わらないのです。

「あなたはすべてを失うかもしれない。だが、本当のあなたである意識だけは、決して失ったりしない」
ムージ『空よりも広く、宇宙よりも大きい（*Vaster Than Sky, Greater Than Space*）』

　自分は無限の意識なのだと知ることができたなら、この物質的世界は素晴らしいものになります。マインドは後ろに回り、意識が前面に出るからです。そうなれば、もうマインドの混乱に惑わされることもなく、心は軽く、いつも幸せになり、たくさん笑えるようになるのです。純粋な幸せと至福の中に身を置き、毎日を送ることができるようになるのです。あらゆる問題は事実上消滅し、あらゆる夢が実現し、常に意識として生き続けるわけですから、自分は不滅なのだということを余すことなく感じられます。自分はすべてなのだ、何にも影響を受けたりしないのだと知っているのです。こんなにも素晴らしい人生など、ありはしません！

「どんなつまらないことをしようとも、どんな些細なものを見ようとも——ごくありふれたものであろうとも——今生きているのだという胸の高鳴りをもたらすのです。ときには本当に当たり前のものごとを前に、我慢できず叫んでしまうこともあります。壁に刻まれた線と、平らな床を見て。そのふたつが水平であることに。カーペットの毛並みに。そばを通る車の音に。あなたの腕のにおいに。すべてが奇跡的に感じられるのです」
ジャン・フレイザー『扉を開く（*Opening the Door*）』

とはいえ、これはあなた自ら体験しなくてはいけないことです。誰かから話を聞いたとしても、それはあなたに道を示し、進むべき方向を教えてくれているに過ぎません。ちょうど、エベレストの登りかたを教えてくれるガイドのようなもの。その場に行き自ら確かめてみないかぎり、エベレストがどんなところかは絶対に分かりません。行ってみて、ようやく分かるのです。

「無限の意識の宇宙として存在しないということは、事実として不可能です。

しかし、自覚的にそう在るとなると、話は別なのです」
フランシス・ルシール『静寂の芳香（*The Perfume of Silence*)』

「意識を追い出すなどできはしない——単に思考ばかりに目を向けてしまう
癖のせいで、見落としてしまうだけなのだ」
ピーター・ロウリー

　頭の中の思考か、私たち自身である意識。私たちは注意を移すだけで、
そのどちらに目を向けることもできます。そして思考ではなく意識へと目を向
けることにより、私たちは絶対的な自由と至福へと向かうことができるように
なるのです。

意識の練習
至福への3ステップ

　意識の練習。それは、私が自覚的に意識として存在し続けるために実践
している練習です。とはいえ、意識になるための練習ではありません。なぜ
なら、あなたはすでに意識なのですから。これは、あなたがいつでも自覚
的に意識として暮らせるようになるための練習です。完全な自由と永遠の至
福のために必要なのは、シンプルな3つのステップだけです。

　ステップ1：「意識がありますか?」と自分に訊ねてみる

　ステップ2：「意識を感じる」

　ステップ3：「意識で在り続ける」

ステップ1：「意識がありますか？」と自分に訊(たず)ねてみる

　頭で答えようとしてはいけません。意識を体験するのに、思考など役に立たないのですから。こう問いかけるたびに、あなたの注意は思考とマインドを離れ、意識へと向かいます。「意識がありますか？」と自分に訊(たず)ねると、意識はすぐに現れます。もしかしたらその直後に、思考を引き連れマインドが入り込んでくるかもしれません。ですがそうしたら、もう一度同じ問いかけをしてください。質問を重ねるほどあなたは長く意識として在ることができるようになり、思考とマインドは静まっていくでしょう。

「マインドとはいかに変化しようとも、不変の背景を持つのだと気づきなさい」
ヘイル・ドゥオスキン

　「意識がありますか？」と問いかけて最初に感じるのは、マインドと肉体の内に抱えた抵抗が溶け去っていく安堵(あんど)でしょう。この質問を何度も繰り返していくうちに、その安堵が、平穏な幸せへと静かに変わっていきます。マインドが静まるにつれ、心が静まり返っていくのを感じます。心の周囲を歓びが流れているのを感じるかもしれません。
　あなたが感じる安堵は、マインドが裏側へと落ちていくことにより生まれるものです。マインドが裏側にとどまり、意識が前面に出ている時間が長くなるにつれ、その安堵は大きくなり、あなたはより大きな幸せを感じるようになるのです。そして意識が前面に定着し、マインドが本来在るべき場所に収まると、至福が訪れるでしょう。
　いいですか？　意識とは形を持たず、しがみつくことのできるようなものではありません。愛のようなものなのです。愛が存在するのを知ってはいて

も、しがみつくことはできないでしょう？　胸に愛を感じはしても、その手に握ることはできません。意識も、それと同じ。意識から生じる安堵と幸せを肉体の内に感じはしても、握り、しがみつくことはできないのです。

　つい頭で考えてしまう習慣のせいで、自覚的に意識で在り続けるのは難しく思えるでしょう。

「意識を感じたならば、すぐにまた『意識があるか？』と自分に問いかける。そうすることで知識や経験といったものから、その本質、根源へと、マインドを遠ざけることができるのだ」
ルパート・スパイラ『気づきへの気づき（*Being Aware of Being Aware*）』

　絶え間なく思考してしまう習慣を断ち切るには、本当の姿に、要するに無限の意識になるしかありません。マインドを止めてこの習慣を壊すのは、頭脳には不可能。多くの人が瞑想に失敗してしまう理由がこれなのです。思考が流れるに任せながらも注意を向けないのではなく、頭脳を使ってマインドを静まらせようとしてしまうのです。

　多くの人々は、マインドから自由になることができません。マインドが次から次へと放り投げてくる思考にどうしても注意を引き付けられてしまい、どうすることもできないと思っているからです。マインドからの解放は、深い安堵をもたらしてくれるもの。ですが、思考におびき寄せられ信じ込むのではなく、ただ観察することができなくては、訪れてはくれません。

ステップ2：意識を感じる

　ステップ1を実践すると比較的短期間のうちに、自然と意識を感じることができるようになります。もう「意識があるか？」と自分に問いかける必要もありません。意識のことを思ったとたん、すぐさま意識が前面に現れ、マイン

ドが背面に引っ込んでしまうからです。

「意識としての体験が前面に出てくるに任せ、思考、印象、感情、感覚、そして先入観などは背後に引っ込ませてしまいなさい。シンプルに、意識を感じるのだ。すべての人々が望む平穏と幸せとが、そこにあるのだから」
ルパート・スパイラ『気づきへの気づき（Being Aware of Being Aware）』

　1日に何度も意識を感じることで、あなたの注意を意識へと移してください。すると間もなく、マインドの混乱から意識の深い平穏へと帰るたびに、ものすごい安堵感を覚えるようになるでしょう。

「どの瞬間にも、必ず分かれ道があります。本当の自分になるか、それとも偽りの自分になるかの分かれ道が。あなたはそれを、毎秒選び続けているのです」
私の導師

　もしマインドが意識を覆い尽くしてしまっているかのように感じたり、意識を失いもう二度と取り戻すことができないように感じたりするのなら、「意識がなくなったと感じているのは、いったい何だろう？」と自分に訊いてみてください。それを感じているのが、意識なのです！　そう問いかけることで、あなたは意識を感じられるのです。

　まだ自分の意識と出会えていないように感じているのならば、「意識と出会えていないと感じているものは、いったい何だろう？」と自分に問いかけてみてください。そう感じているのもまた、意識なのです！　さあ、あなたは意識を感じているのです。

「あなたは意識を見つけようとしているのではなく、すでに意識そのものなのだ」
ムージ

　今この瞬間、あなたは自分の肉体を感じていますか？　肉体を感じているのは、あなたの意識です。今かけている椅子を感じていますか？　その椅子を感じているのは、あなたの意識です。自分の呼吸を感じていますか？　その呼吸を感じているのは、あなたの意識です。そのくらいシンプルなことなのです。

「あなたがそれを考えるときには、今この瞬間に自分の意識を戻してください。毎日何百回としてください。というのも、あなたのすべてのパワーは、自分の中にパワーがあることに気づくと発揮されるからです」
『ザ・シークレット』

ステップ3：意識で在り続ける

「初めは、意識が自分であるなどとは感じられないだろう。だが、本当にそうなのだと繰り返し確認し続けていくうちに、恐怖感や分裂感は溶け去ってしまう」
ムージ

　意識で在り続ける鍵はすべて、どこに注意を向けるかにかかっています。このことについて私の導師は、非常にシンプルに教えてくれました。私たちのマインドは、カメラのレンズと似たような働きをするというのです。マインドには自動ズーム機能があり、ものごとの細部にどんどん意識を集中（フォーカス）させていくのです。これはちょうど、私たちがカメラのレンズを使ってズーム・インする

ようなもの。そしてほとんどの時間、マインドは何かにズーム・インしており、私たちはフォーカスされた意識を通して世界を眺めるのです。その結果、とても狭く歪んだ形でしか、世界が見えなくなってしまうわけです。ですが、どこか広い場所の全体を写真に収めようとするのなら、できる限りズーム・アウトしなくてはいけません。それと同じように、何か細かいものにフォーカスするのをやめて注意を広げれば、意識が発現するのです。意識で在り続け、すべてをつれづれに任せる方法とは、こんなにシンプルなものなのです。

　これを実践するには今すぐ周囲を見回し、何か注意を向けられるものを探し、それだけに注意をフォーカスさせてみてください。使いたければ、手を使ってもいいです。そうしたら今度は注意を大きく広げ、何か特定のものに注意を向けることなく、できるだけ広々と周囲を見てみましょう。するとすぐに、安堵感とくつろぎが体の中に芽生えます。これは私たちのマインドが常にフォーカスしているから、そしてフォーカスし続けるにはとてつもない労力が必要だからです。私たちができるだけ注意を広げようとすると、マインドが背後に回り、意識が前面に出てくるわけです。安堵感を覚えるのは、意識とは労力を必要としないものだからです。フォーカスなど何にもすることなく、意識はあらゆるものを見て、知るのです。

「あなたが本当の自分だと思い込んでいるものには、ものごとを成し遂げる力など何もありはしません。だというのにそれは、自分に何かを任せろといいます。ですがすべてを任せるべきは、意識になのです」
私の導師

「自分を行為者（ドゥアー）だと思わなくなるほど、あなたは止めようのない、世界の善に利する力になっていく」
ヘイル・ドゥオスキン

　以前の私は、ものすごい行為者でした。自分はいくつもの仕事を同時に

こなせる能力があると、プライドを持っていました。それが私のアイデンティティになっていたのです。私は仕事の女王なのだと！　そう思い込んでいたものですから、宇宙には私のために、果てしないほど大量の仕事が流れていたのです。

　ですが、やがてすべてが変わりました。私が何度も、自分が思い込んでいる自分の姿を手放し続け、本当の私、つまり意識で在り続けたからです。するとかつてない幸せを感じるようになったばかりではなく、わざわざ自ら行為者であろうとしなくとも、自然とものごとのほうから片付いていくようになったのです。何かをやり終えるにしても、まるで労力など注がなかったようにすんなり終わってしまうのです。人生は、奇跡みたいに変わったのです！

　1日に最低5分だけ時間を取り、意識へと注意を向けてください。起きたときでも、寝る前でも、他に好きなときにでもかまいません。私と同じように奇跡の人生を生きたいと願っているのであれば、もっと頻繁に意識へと注意を向けたくなるでしょう。ですが1日にたった5分だけでも、あなたの人生はめざましく変化するのです。それほど簡単なことなのです。

　忘れてはいけないのは、これは意識になるためのプラクティスではないということです。なぜなら、あなたはすでに無限の意識なのですから。むしろこれはあなたの「自分はマインドと肉体である」、つまり自分ではないものであるという思い込みをやめるためのプラクティスなのです。

「初めのうちは、心地よい存在へと回帰するために何度も頑張っているように感じられるでしょう。しかしある時点で、逆にそこから出発するように思えてきます。そこが家のように感じられるのです」
フランシス・ルシール『静寂の芳香（*The Perfume of Silence*）』

　いずれ自分は神聖な領域に到達したのだと確信できるでしょう。神という

言葉のほうが分かりやすければ、神の御前と言い換えても構いません。神の御前、もしくは神聖な領域に達することとは、マインドを超越することなのです。

「エゴの瞳をなくした者は、神の瞳でものごとを見る」
ムージ

　この3ステップをしばらく行うと、何もせずとも意識は以前よりも大きな力を持ち、あなたの中に存在し続けるようになるでしょう。そしてマインドはずっと静かになるでしょう。他にも、次のような兆候が現れます。人生は楽になって努力も不要になり、平穏を感じ、これまで頭を悩ませていたことが気にならなくなり、気持ちは穏やかになって感情はずっと安定し、ネガティブな感情にもやすやすと押し流されたりしなくなるのに気づくようになるのです。そして、以前には感じたことのない幸せな気持ちを感じはじめるのです。そしてふと思えば、前のようにマインドに支配されなくなっています。これはあなたが、自分の思考にばかり注意を向けるのをやめたからなのです。

「自分は枠にはまったこの肉体とマインドではなく、完璧な自己^{セルフ}なのだと理解したとたん、あらゆる問題はたちどころに消えてしまう」
レスター・レヴェンソン『幸福はそこにある（*Happiness Is Free*）』ボリューム1−5

　意識が感じているどんなものよりも、意識そのものは遥かに大きいものです。個人には限界がありますが、意識は無限です。そして無限である以上、不可能は何もないということです。あなたを束縛するものではありません。あなたを支配できるものなど、何ひとつありはしません。

「私たちは誰しも限界を感じることがあるものです。しかしさらによく考え
てみると、そんなことはありえないと気づくのです。限界を感じているも
のは限界を超越しているのだ、限界などありはしないのだ、と気づくのです」
フランシス・ルシール『静寂の芳香（*The Perfume of Silence*）』

　意識の邪魔をできるものなど、何もありません！　どれほど問題が山積み
になろうと、あなたを破滅させることなどできはしません。ネガティブな気持
ちなど、あなたに触れることすらできないのです。どんな争いにも影響され
ません。意識としてのあなたは、常に安全で、常に健やかなのです。誰に
も手出しなどできず、傷つけることもできず、滅びることもないのです。いっ
たい何に、あなたを脅かすことができるでしょう？　あなたはすべてを内包し
ているのです。あなたがすべてなのです。まずはできる範囲で何度でも意識
へと注意を向け続けることで、意識として在り続けることを始めてください。
そうすれば、素晴らしい日々を生きられるのですから。

「そうすれば、もう見せかけの限界などに騙されることはなくなる。そんな
ものは夢だ、うわべだけだと理解できる。なぜならあなたは、自分の存在
には限界などありはしないと知っているのだから」
レスター・レヴェンソン『幸福はそこにある（*Happiness Is Free*）』ボリューム1-5

CHAPTER3　まとめ

・ あなたは意識だ。何かを感じている個人ではない。

・ 望遠鏡は、覗き込む天文学者がいないとただの道具にしか過ぎない。あなたの肉体とマインドは、意識の道具である。

・ たったひとつの同じ意識が、すべての人々を通して働いている。

・ 他人の肉体の中にある思考や感覚を感じることはできない。それは、意識はあなたのマインドに染み渡りながら、あなたの肉体に最適化されるからだ。

・ 意識はあなたの体内を、そして肉体の外側を満たしている。

・ 私たちには、頭の中の思考にも、本当の私たちである意識にも、どちらにも注意を向けることができる。できるだけたくさん、意識に注意を向けるべきだ。

・ 意識のプラクティスとは
　ステップ１：「意識がありますか？」と自分に訊ねてみる
　ステップ２：意識を感じる
　ステップ３：意識で在り続ける

・ 絶え間なく考え続けてしまうマインドの悪癖を永遠に打ち破るには、本当のあなたである意識で在り続けること。

・ 1日に何度も意識を感じることで、あなたの注意を意識へと移していく。

- 意識で在り続けるためのシンプルな方法。それは、カメラのレンズのように細々としたものにフォーカスするのをやめ、注意を大きく広げること。そうすれば、意識は発現する。

- 実践するには、まず何か手近に集中できるものを探し、それだけに注意を向ける。それから今度は注意を大きく広げ、何か特定のものに注意を向けることなく、できるだけ広々と周囲を見回す。

CHAPTER 4

あなたは夢を見ている……
今こそ目覚めるとき

　多くのスピリチュアルの導師や太古の伝統によれば、私たちの住む全世界も、あなたや他の人々の人生も、ただの夢でしかありません。とはいえ、私たちの世界もそこにあるすべても夢のようなものだというわけでなく、何もかも夢と同じ物質でできており、同じように幻想に過ぎないのだと言っているのです。常に意識として在り続けられるようになると、人生も世界も、かつて思っていたような現実とは違うのだと、はっきり分かるようになるでしょう。どちらも夢なのだと。

「この人生は夢だ。私たちは、自分がひとりの個人として現実だと思い込んでいる世界で暮らしている夢を見ているのだ。それはすべて夢なのだと、私たちは気づかない。今見ているこの世界は、何もない夢に、幻想に過ぎないのだ。真実は、外の世界のすぐ向こう側にあるのだ」
レスター・レヴェンソン『幸福はそこにある（*Happiness Is Free*）』ボリューム1−5

「私たちは、これは夢なのだという可能性に心を開くべきです。そうすると、すべてが劇的に変化します。これは、本当に起きることなのです。目覚めている間の体験を夢だとするならば、私たちの行動も変化します。そして、夢の中の登場人物や状況から返ってくる反応もまた変化することに気づくのです」
フランシス・ルシール『静寂の芳香（*The Perfume of Silence*）』

「今私たちは、明晰な夢の中にいる。マインド、肉体、宇宙と私たちが呼ぶものは、どれもその一部なのだ」
ディーパック・チョプラ™医学博士

「そしてこの夢には継ぎ目がないので、人々が目覚めるのは事実上不可能なのです」
私の導師

　夜に見る夢の中で、マインドはあなたの肉体を、他の人々を（知り合いも、そうでない人も）、街、家々、車、食事、さまざまな物、木々、自然、動物、太陽、星々、そして空を作り出します。過ぎていく時間も、昼間も、夜も、声も、音も、それから夢の中で起きるさまざまな状況やできごとも作り出します。マインドは世界すべてを作り、夢の中のあなたを作ります。あまりにも本物らしくすべてを作り上げるので、あなたは疑問すら持ちません——目覚めるまでは！　目覚めてから、あれは夢だったのだと気づくのです。

「もしかしたらあなたは、夢が持つひとつの大きな特徴に気づいているかもしれない。それは夢の中のあなたはいつも、そこは夢なのだと思っていないということだ。これが、夢の皮肉なところなのだ。夢の登場人物というものは自然と、自分ははっきり目が覚めていると思い込んでしまうのだ！夢の登場人物は、目を覚ましてなどいない。夢での経験は、現実ではないのだ。だが夢の中では、誰もそんなことに気づきはしない。さあ、夢が持つ他の要素にも気づきなさい。夢の登場人物たちにとっては、夢の向こうには何もありはしない。夢の登場人物というものは他の世界が、真の覚醒状態があることなど、まったく知らないのだ。自分たちに何が欠けているか、知りはしないのだ」
ピーター・ジュバン『シンプルな気づき（*Simply Notice*）』

「眠りながら夢を見ている間は、何もかも現実に思えるものです。虎を見れば、それが作りものだと知らないものですから、私たちは怯えます。本当は恐れることなどないのだと分かっていたなら、恐れたりするでしょうか？このことは、幻想の中にいるとき人はそれが幻想であるのに気づかない、ということを示しています。しかしそれが幻想だったのだと分かると、作り出しているのは自分自身だったのだと理解できるようになるのです」
フランシス・ルシール『真実、愛、美しさ（*Truth Love Beauty*）』

　この世界は夢だと完全に気づいたとしても、私たちが物質、そして物質的な自分の肉体を重んじる気持ちは変わらずに残ります。ビルに上って飛び降りてみたりすることはありません。なぜならビルも、地面も、あなたの肉体も、そして重力も、同じ夢の物質で作られており、あなたもそれを感じるからです！　ある導師が言ったとおり、もしあなたが夢の中で私をつねったら、私は感じます。それは、つねるという行為そのものが夢だからなのです。

「夢の中では、10 年が 1 分で過ぎてしまいます。その短い間に赤ちゃんができ、成長したその子を学校に連れていくのです。目が覚めると、夢の中の自分の肉体は幻想だったのだ、夢の中での時間の流れも幻想だったのだ、と気づきます。ですが夢の中では、どれも現実に思えてしまうのです」
フランシス・ルシール『静寂の芳香（*The Perfume of Silence*）』

「夢状態の話ならば、たとえば 50 年という年月を網羅するような夢があっ

ても、目が覚めてみれば、あれは現実のできごとではなかったのだと分かる。夢状態の意識と調和している間にだけ、現実に思えるものなのだ。起床状態とは圧倒的に現実感のあるものだが、これもまた同じように、意識が生み出したものである」
デーヴィッド・ビンガム　ConsciousTV

「物理法則は、この起床夢にしか当てはまらない法則です。夜の夢での物理法則は違います。だから、夢の中では空を飛ぶことができるのです！」
フランシス・ルシール『静寂の芳香（*The Perfume of Silence*）』

　地上の夢でどんなことが起こるのかはともあれ、私たちが迎える最後はみな同じです。誰もが目を覚まし、何もかも夢だったのだと気づくのです！　ですからスピリチュアルの導師たちは「覚醒しなさい」と言うのです。幻から目を覚まし、すべては夢だったのだと気づきなさいと。人は覚醒して真実を知ると、誰も傷ついたり、傷つけられたり、死んだりしないのだと理解するのです。それはちょうど悪夢を見て飛び起きてから、誰かに傷つけられたり恐ろしい目に遭ったりしなくてすむのだ、今のはただの夢だったのだと、胸をなでおろすようなものなのです。

「映画館に行って戦争や苦難の映画を観て、終わったあとに『素晴らしい映画だった！』と言えるのならば、あなたは人生を、宇宙の映画ショーとして受け取ることができるだろう。すべては夢でしかないのだという確信を胸に、自分に訪れるあらゆる種類の経験に備えておきなさい」
パラマハンサ・ヨガナンダ『人間の永遠の探求（*Man's Eternal Quest*）』

「世界をひとつの夢として見ることは素晴らしい修練となり、世界を覆う見せかけの堅牢さを打ち壊す力になるでしょう」
フランシス・ルシール

覚醒する

「最大の癒やしとは、私たちではないものから覚醒することだ」
ムージ

「ちょうど、ひとつのものから他のものへと視線を移すのと似ています。それくらいさり気ないものなのです。息を吐くようなものです。準備ができたら、ただそうするだけ。まだ準備などできるはずがないなどと、自分に言い聞かせてはいけません。周囲のどこででも、あなたと同じような人々に起きていることなのです。彼らはもう、何かに悩まされたりはしません。かつては悩まされていた人たちがです。彼らは、今も人生を歩んでいます。歓びにあふれながら。たとえどんなことが起ころうとも、平穏な日々を生きているのです。彼らを羨んではいけません。疑ってはいけません。あなたもそうなるのですから。そうすれば、歓喜が訪れます。なぜあんなにも長い間別の生きかたをしてきたのか、理解できなくなるでしょう」
ジャン・フレイザー『扉を開く（*Opening the Door*）』

　断言しますが、私は人生のうち数十年間、眠っていました。眠っていたと分かるのは、自分がどの日付の、どの瞬間に、どんな状況で初めて目覚めたかまで、はっきりと言えるからです！　それ以来私は小さな気づきをたくさん得てきましたし、新たな大きな気づきにも出会うことができました。覚醒とは霧の中から抜け出すようなものです。いきなりあたりが澄みわたり、すべてがはっきりと見えるのです。

　ソファに寝転がりながら覚醒する人も、駐車場に停めた車に向かって歩きながらの人も、鳥の歌や先生の話を聞きながらの人も、そして何かを読みながら覚醒する人もいるでしょう。恐ろしいできごとや、人生のどん底ともいえる苦難の中で覚醒する人も大勢います。そして誰もが覚醒してからようやく確信するのです——自分たちは眠っていたのだと。

「ほとんどの人々は、無自覚のうちに眠っている。眠ったまま生まれ、眠ったまま生き、眠ったまま結婚し、眠ったまま子育てし、一度たりとも目覚めることなく、眠ったまま死んでいくのだ。彼らは機械的に生き、機械的に思考し——たいていは他人のものだ——機械的な感情を抱き、機械的に行動し、機械的に反応する。そして、私たちが生と呼ぶものがいかに素晴らしいか、いかに美しいかを理解することは絶対にないのだ」
アンソニー・デ・メロ（イエズス会司祭）『意識　師との対話と人生の再発見（*Awareness: Conversations with the Masters and Rediscovering Life*）』

　マインドとは機械的な、コンピューター・プログラムのようなものです。だからマインドに支配されてしまうと、人生そのものが機械的なものになってしまうのです。もしかしたらあなたはいつでも、自分には十分なお金がないことに悩まされるかもしれません。これは、機械的なマインドが何度も何度も「十分なお金がない」と同じ思考を繰り返し続けた結果なのです。あなたはそんな思考を信じることで力を与えてしまい、その結果、十分なお金がないという経験をし続けるのです。マインドの枠にはまった思考はそうした働きをするものですが、意識はとてつもなく豊かなものです。

　覚醒し、意識として人生を歩みはじめると、あなたの人生は、今思い描いているあらゆるものを超越します。世界は美と愛にあふれた言葉を失うほどに素晴らしいものとなり、何もかもがあるべきところに収まったなんの心配もない場所なのだと分かるのです。マインドに人生を支配されていると、私たちには世界のありのままの姿が見えなくなってしまうのです。

　エゴイスティックなマインドは、あらゆるものごとを問題視し、激しく声をあげるものです。自己中心的で全体像を見ることができなくなってしまい、裁き、批判し、粗探しをするのです。枠にはまった人生観のせいで、問題を見つけ出さずにはいられないのです。

「お分かりのとおり、覚醒とは面倒なものだ。ベッドにいれば気持ちがいいし、快適だ。起きると思うとイライラしてくる。賢明な導師たちが人々を覚醒させようとしないのは、それが理由だ。私も賢くなり、あなたたちが眠っていたとしても起こそうとなどせずにいられたら、どんなにいいだろう。ときどき『目を覚ませ！』などと人に言うことがあっても、本来ならば私とはなんの関係もないのだ」
アンソニー・デ・メロ　（イエズス会司祭）『意識　師との対話と人生の再発見（*Awareness : Conversations with the Master and Rediscovering Life*）』

　私たちすべての人生にはたったひとつ、共通の目的があります。それは覚醒して本当の自分になり——意識になり——この素晴らしい世界を享受することです。覚醒したあなたは、この世界にいても、もうこの世界の一部ではありません。つまり、この世界にある試練から完全に解放されるのです。

　前の章で、3ステップの意識のプラクティスを解説しましたが、真の意識に覚醒したならば、「マインドとエゴへと引き戻されることなく、常に意識で在り続ける」という最後のステップが待っています。少ないながらも、中にはぱっと覚醒してそのまま意識として在り続ける人もわずかにいるのですが、他の人たちからすれば、覚醒は長い道のりに見えるでしょう。しかし誰もが、覚醒への道のりは果てしなく深いものだと言うのです。

「もはや、『これは聖者のものだ、禅僧のものだ、一生をかけて成し遂げるものだ』などというものではなくなったのです。同時に、真面目なスピリチュアルの実践者や、物質的な人生に楽しみを覚えない人々や、何らかの道を信奉している人々だけのものでもありません……。あなたも、そこに行けるのだ、到達できるのだ、重荷などとは無縁の人生を歩めるのだ、と憶えておいてください。頑張って手に入れるものでも、何かを達成しないと与えられないものでもありません。誰にでも手に入る、すでに目の前にある

ものなのです。報酬ではなく、生まれ持ったものなのです」
ジャン・フレイザー『扉を開く（*Opening the Door*）』

　本当の自分への覚醒。それは、あらゆる悲観からの出口であり、永遠の幸せへの入口です。地上に暮らすすべての人々のさだめなのです。あなたのさだめなのです。今ここで、そんな人生を自分のものにできるのです！

意識の山

　遥か昔、薔薇十字団の指導者は、私が意識と心に対する理解を深めるのに役立ってくれた、とある比喩を用いました。それは「意識の山」という言葉です。

　山のふもとで渓谷に立ち尽くしていたのでは、大して遠くまで見渡すことはできません。視界は狭く限られてしまい、前に何があるのかも、曲がった先に何があるのかもまったく見えないのです。渓谷の向こうに何があるのかも分からないわけですから、未知への恐怖はとてつもなく大きいものになります。

　しかし山を登っていくにつれて、変化が起きてきたのに気づきます。高く登るにつれて、人生の視野が広がっていくのです。これは、ふもとにいたときに視界を遮っていた障害物の先まで見通せるようになるからです。少し高いところに登るだけで、ものごとがはっきりと見えるようになり、すべてがらりと変わって見えるようになります。そしてまだ恐怖を感じてはいても、渓谷にいたときほどには恐ろしくなくなっているのです。

　どんどん高く登っていくと、空気が変わり、生える植物が変わり、以前よりもずっと遠くまで見渡せるようになります。人生の様相はすっかり変わり、以

前には隠れていたさまざまなものが見えるようになったおかげで、未知への恐怖も消え去るのです。

　頂上まで登りつめると、どの方角を向いてもすべてが見渡せるようになります。あなたから隠れていられるものは、何ひとつありません。世界へと、その先へと向けられたあなたの視界は、あますことなく全方向に広がっているのですから。限られた視界しか持たない人々の姿がふもとに見えます。ですがその彼らもてっぺんまで登れば、何も恐れることなどなくなると、あなたには分かっているのです。それだけでなく、山を登ってくる人々が、さまざまな高さで、さまざまな景色を眺めている様子も見えるのです。そしてあなたの立っているところからは、まさしくすべてのものの壮麗な美しさが、そして完璧さが、あますことなく見えます。だから、すべてはあるべきところに収まっているのだ、人が不安に思うことも、怖がるようなことも、何もありはしないのだと分かるのです。あなたの前に広がる景色も、奇跡も、人生の神秘も、どれも壮大なものばかり。そして、渓谷にいる人々が同じ壮大さを目の当たりにしたとき、彼らも同じように解放されるのです。

「山のいただきに立ったり、星々を見上げたりすると、私たちは無限を感じる。その無限こそ私たちの本当の姿なのだ。だからこそ、これほどまでに多くの人々がその無限を感じたいと強く願うのだ」
デーヴィッド・ビンガム

「意識のレベルが高いところでは、個人のマインドにまつわることは何ひとつ問題にならない。なぜならあなたは自分という存在の山頂に立っており、眼下には雲が流れているからだ。あなたは、何にも煩わされることのない地点に到達したのだ！　何にもだ、何にもだ！　すべてはただ完璧なのだ」
ムージ『ホワイト・ファイアー（*White Fire*）』第2版

　本当の自分は何者なのかを知ったあなたは今、覚醒のプロセスを歩みはじめました。永遠の存在になるための障害はただひとつ、それはあなたのマインドです。物質的な世界では、あなたのマインドこそが最強の力です。マインドというものはあなたが求めるあらゆる物質を、できごとを、状況を生み出すものだからです。しかしマインドが生み出すネガティブな思考を信じてしまうと、あなたはそのクリエイティブな力を自分に反する形で使ってしまうのです。マインドそのものに問題はないのですが、これが自分なのだとあなたが信じてしまうと、面倒を起こしはじめるのです。

　あなたに利益をもたらそうとしてマインドが語りはじめたときには、それは自分ではないのだということを忘れてはいけません。あなたのマインドとは実体すら持たない、ひとつのプロセス──機械的なプロセスなのです。それは思考が集合してできたものなので、そこから生じる思考はどれもこれも、あなたの信念によって形作られ潜在意識に押し込められている、いくつものプログラムから発生しているのです。潜在意識は、信念、記憶、性格的特徴、自動プロセス、そして習慣といったものがしまわれた倉庫であり、コンピューターとまったく同じように働くものです。完全に機械的なのです。
　潜在意識はあなたのマインド──つまり思考するマインド──から情報を

受け取り、そこに思考するマインドが組み込んだデータをすべて受け入れます。受け入れた情報はどれひとつ差別せず、思考するマインドが事実として信じるものを、ひとつ残らず受け入れるのです。

　つまり私たちのマインドは基本的に、個人的な信念に応じて思考をリサイクルし、その思考によりがっちりと人生を制限し、私たちを囚人にしてしまうのです。覚醒し、思考もマインドも自分自身ではないのだと気づかないかぎり、逃れようはありません。

「制限の中で生きるゲームと、自由になるのとでは、あなたならどちらがいいだろうか？　自分は枠にはまった肉体とマインドであるという固定観念を捨て去るのには、このシンプルな問いかけが鍵になる。もしも『自分は肉体とマインドなのだ、自分や人に話して聞かせる肉体とマインドの話こそ自分なのだ』と思うのであれば、むしろ制限だらけのゲームをしていたほうがいい」
ヘイル・ドゥオスキン　『幸福はそこにある（*Happiness Is Free*）』ボリューム 1-5

　自由への第一歩は、思考が人生を作るのだと理解することです。思考が現実を作るのです。欲しくもないものへと注意を向けてしまえば、望みの人生は手に入りません。ですが、心から欲しいものにのみ注意を向ければ、望みの人生が得られるのです！　これを完全に理解すると、あなたには自分の思考がはっきりと意識できるようになり、おかげで覚醒への道にしっかり乗ることができます。なぜならば、思考を意識するということは、ネガティブな思考を信じることをやめられるだけでなく、あなたの自覚がさらに高まるということなのですから。

　『ザ・シークレット』の本やドキュメンタリーでは、あなたが持つ力について説明しました。あなたが自らの思考を通し、あらゆる要素——健康、人間関係、お金、仕事、幸せ、そして世界——のうえに人生を創造していく

力です。もし思考を通して出る驚異的な力をあなたがまだ理解していないの
であれば、1冊手に入れることを強くお勧めします。友達や図書館から借り
るのもいいでしょう。『ザ・シークレット』は、何千万という人々の人生を変
容させました。そして自分の思考に、より自覚的になるということは、本当
の自分へと覚醒するための素晴らしいプロセスにとって、最高の第一歩にな
るのです。

CHAPTER4　まとめ

- 人生は夢。世界のすべては、ただの夢幻でしかない。

- 夜に見る夢の中、マインドは全世界を、疑問すら持たないほどリアルに作り上げる。目覚めてからようやく、あれは夢だったと人は気づくのだ。

- 起きている状態もまた、圧倒的な現実感があろうとも、意識が生み出しているに過ぎない。

- マインドは機械的なものだから、それに依存して生きようとすると、人生そのものが機械的になってしまう。

- マインドに人生を支配されていると、世界のありのままの姿が見えなくなる。

- 覚醒したあなたはこの世界にいても、もうこの世界の一部ではない。

- 意識の山とは、意識を説明する比喩だ。高く登るほど人生を見つめる視野は広がっていく。山頂にたどり着くと、まさしくすべてのものの美しさが、完璧さが見渡せる。

- マインドは思考の集合であり、その思考は、あなたの信念によって形作られ潜在意識に押し込められている、いくつものプログラムから発生する。

- 潜在意識は、信念、記憶、性格的特徴、自動プロセス、習慣といったものがしまわれた倉庫であり、その働きはコンピューターとまったく同じである。

- 自由への第一歩は、思考が人生を作るのだと理解すること。思考が現実を作るのだ。

CHAPTER 5

マインドからの解放

「マインドが静まる必要はない。重要なのは、あなたがマインドの声を真実だと信じ込み、耳を貸さないことなのだ」
ジャン・フレイザー『最高の甘味料：思考の後の人生 (*The Great Sweetening: Life After Thought*)』

　マインドは、人生を思い通りに創造する驚異のツールです。マインドは精神分析医でもセラピストでもありませんが、私たちはそうした監督者でも前にしたかのようにマインドに耳を傾け、そこから生じる思考をまるで真実であるかのように信じてしまいます。こうして自分の思考を信じてしまうという習慣が、美しく輝く私たちの本当の姿、つまり意識として生きる力を奪ってしまうのです。私たちは永遠の幸せに満ちた人生を、そして望むものがすべて完璧なタイミングで訪れてくれる人生を、取り上げられてしまうのです。

　マインドのせいで、人間はあまりにも多くの苦しみを、あまりにも長く背負わされてきました。今こそ、マインドを独裁者の座からおろし、本来在るべき場所に戻すべきときです。マインドに支配され、マインドを通して思考するのをやめると、私たちは本当の自分、つまり意識として人生を歩みはじめ、人生は苦難からも悲観からも解放された地上の楽園へと真に変わっていくのです。

「そこにあると感じている問題はどれも、本当はあなたの思考の中で起きている誤認識に過ぎません」
バイロン・ケイティ『そのままを愛する (*Loving What Is*)』

「悲観を取り除く最強の方法とは、自分はマインドではないのだと理解することだ。理解するやいなやマインドはしがみつく場所を失い、ひとりでに消え去ってしまう」
ヘイル・ドゥオスキン

　多くの人々は「ネガティブな状況は自分たちの外側から訪れるのだ」と信じています。周囲の人や状況、そしてできごとが、自分たちの人生に起きる

ネガティブな状況の原因だと信じているわけです。しかし、ものごとの本質は善でも悪でもないのです。シェイクスピアの言葉どおり、「ものごとに良いも悪いもない。考えかたによって良くも悪くもなる」のです。

　ネガティブな状況の原因になるのは、人生に登場する人物や、状況、できごとに対するあなたの思考であり、人物、状況、できごとそのものではありません。そして、マインドがどのようなメカニズムで働くのかを少しだけ理解すると、その理解があなたを誤ったネガティブな判断から解放してくれる力となります。それだけではなく、あなたは望みどおりの人生を創造するためにマインドの意図を利用することができるようになるのです。

「思考はあなたの欲求に耽(ふけ)るためにではなく、欲求を命令として発するために存在します。マインドが命令を受け取り、形にするのです。他の目的に、思考は必要ありません。なぜなら、他のものはすべて意識が受け持つからです」
私の導師

「今この瞬間に自分が求めるものに目を向ければ、それだけで何もかも手に入るだろう。だが、あなたは欲しくないものばかりマインドの中に抱いている。そして、欲しくないものを消そうと苦しみ続けているものだから、いつまでも消すことができないのだ。つまり、ポジティブで幸せな人生を手に入れたいのであれば、悲観を手放し楽観を抱かなくてはいけないのだ」
レスター・レヴェンソン『幸福はそこにある (*Happiness Is Free*)』ボリューム1−5

　では、そもそもマインドとは何なのでしょうか？　まず重要なのは、マインドは脳ではないと理解することです。脳は思考しません。科学者が調べても脳内に思考は見つからず、見つかるのは思考に起因して起こる電気的な活動だけなのです。思考は、マインドから発生します。マインドとは、完全に思考のみから作られているものなのです。思考がなければ、マインドも存在しません。そのくらいシンプルなのです。マインドは、ふたつの思考を同時

に行うことすらできません。会話にしっかりと集中しながら、同時にスマートフォンの文字を読むことは不可能なのです。どんなに「できる」と信じようとも、マインドには一度にひとつのタスクしかこなせないのです。

しかし、ポジティブなものであろうとネガティブなものであろうと、ひとつの思考を信じると、それはあなたの発電所になります。

「苦しむのが好きならば、つらい思考を信じ続ければいいでしょう。ですが幸せになりたいのなら、逆に疑問を持つべきです」
バイロン・ケイティ『マインドとともに安らぐ（*A Mind at Home with Itself*）』

自分の思考をまるで真実のように信じている人はたくさんいるものですが、多くの人々にとって人生が、つらく苦しいものになってしまっている理由は、ここにあります。思考は精神的なノイズであり現実ではないのだ、と教えてくれる人が誰もいないのです。だというのに思考というものは信じてしまうと、真実になってしまうのです！

マインドは私たちの人生に、あらゆるものを現実化させます。人が信じる思考を、どんなものでも現実化してしまうのです。ポジティブなものもネガティブなものも、私たちが求めているものもいないものも、何もかもをです。ポジティブな思考は、人に害をなすものではありません。それは、あなたの持つ本質により近いものだからです。ストレスや苦しみを生み出すのは、ネガティブな思考なのです。だからこそ、特にネガティブな思考に気をつけていなくてはいけないのです。

マインドは機械的なので、ネガティブな思考は決まったパターンとなって定着してしまいます。そんな思考に耳を傾け、共感などしてしまえばその中に引き込まれ催眠状態に陥ったかのように、そこから抜け出すことができなくなってしまうでしょう。あなたは思考によって頭の中へと引きずり込まれ、

世界で本当に起きているできごとから遠ざけられてしまうことになるのです。

「あなたは、自分はマインドだと信じている。それはまやかしだ。道具に自分自身を乗っ取られてしまっているのだ」
エックハルト・トール『さとりをひらくと人生はシンプルで楽になる（*The Power of Now*）』

　まるで、バーチャル・リアリティのゲームをしながら、ヘッドセットを着けているのを忘れているようなものです。バーチャル世界を取り巻く状況があまりにも困難だから、ストレスに悩まされ、苦しんだりもするものの、ヘッドセットをはずしてみると、あれは現実などではなかったと分かるわけです。思考もまた、それと同じです。思考を信じてしまえば、私たちはすぐさま頭の中で上映されている、マインドが作り出す映画の上映会に囚われてしまいます。そして、ありのままの現実世界を体験することができなくなってしまうのです。

「あらゆる思考は偽りです。思考を感じている意識だけが真実なのです」
私の導師

「意識は観察する。思考は判断する」
ルパート・スパイラ『愛情の燃え殻（*The Ashes of Love*）』

　また、思考は感情を生み出す原因となり、さらに感情は、新たな思考を生み出していきます。悲しいことを考えると悲しい気持ちが生じ、悲しい気持ちになると、さらにたくさん悲しいことを考えてしまうものなのです。世界で起きているできごとの真実を覆い隠し、すべてを悲しく見せている、この悲しみのベールを通してものごとを見るようになってしまうのです。

「マインドは、枠に囚われた意識のことだ。だがあなたは本来、無限で完璧。それが枠にはまり、マインドになっているに過ぎないのだ」
ラマナ・マハルシ

　自らポジティブに考えるよう自分を仕向けていかないと、マインドは常に、あなたを矮小化して枠にはめてしまうような、ネガティブな思考を生み出し続けます。「あんなことをしてはいけなかった」「いったい自分は何を考えているんだ？」「あれは本当によくなかった」「こんなことをしても時間の無駄だ」「自分にはとても無理だ」といったように。

「駄目だ！　手遅れだ！　まだ早い！　そんなに急ぐな！　のんびりしすぎだ！　マインドの声が止まることはありません」
私の導師

「マインドが悪だというわけではありません。問題は、マインドが自動的に動き続ける機械であり、私たちには止めかたが分からないということなのです。ほとんどいつも、私たちはその機械が動いていることにすら気づきません。永遠に動き続けてはいても、ちょうどエレベーターで流れている音楽のように、背景に馴染んでしまい気づくことができないのです。マインドは私たちの行く所にどこでも付いて来るし、それを利用しようという誘惑は抗いがたいものです。マインドという機械が動き続けているのは、動き続けることができるからでしかありません。たがのはずれたマインドは適当に振り下ろすハンマーと同じようなもの。見定めたり、ためらったり、理解したり、共感したり、熟考したり、語ったりしようとすらもせず、目に見えるものすべてを手当たり次第に叩き潰していくのです」
ジャン・フレイザー『存在の自由（*The Freedom of Being*）』

　そして自動機械であるマインドはまた、常にあなたや世界にはこれが足りない、あれが足りないと声をあげ続けます。お金が足りない、健康が足りない、時間が足りない、資源が足りない……その声がやむことは、決してありません。それを信じてしまえば、それがあなたの実感になってしまうのです。

　しかし幸いにも、マインドは優れたツールでもあるのです。「私はこれが欲

しい」というポジティブな思いは人生を好転させるだけでなく、大きな幸せと
歓びを与えてくれます。欲しいもののことだけを考えていれば、人生は素晴
らしいものになるのです。しかし多くの人々は依存症のようにネガティブな思
考の繰り返しに囚われてしまうのですが、こうしたネガティブな思考から、
実は簡単に自由になれるのです。意識の力を借りればいいのです。

トラブルの源を信じてはいけない

　マインドそのものには、何も問題はありません。私たちがネガティブな思
考を信じはじめて、そこで問題が生まれるのです。不安になるのは、不安
な思考を信じてしまうからです。疑念を抱くのは、疑う思考を信じてしまうか
らです。怖くなったり、心がくじけたり、恐ろしくなったり、がっかりしたり、
いらだったり、堪忍袋の緒が切れたり、復讐したくなったり、落ち込んだ
り、憎悪に燃えたりと、あらゆるネガティブな感情を覚えるのは、あなたが
思考を信じているからにほかなりません！　そして、あなたが思考を信じ続け
てそうした感情にしがみついていれば、マインドは同じ感情を生み出し続け
るのです。暗い気持ちは暗い思考をどんどん生み出し、あなたは人々を、

状況を、できごとを疑うようになり、気持ちはさらに暗くなっていきます。そんなことが次々と繰り返されてしまうのです。

「思考とはあまりに狡猾で、あまりに賢いものだ。自分の利にするためになら、思考はありとあらゆるものを歪めてしまう」
J・クリシュナムルティ『既知からの自由（*Freedom from the Known*）』

　マインドが発するネガティブな思考を信じてしまうと、マインドが作り出した映画の中に引きずり込まれてしまいます。そして例外なく、強烈なストレスと苦しみを経験することになるのです。

「ネガティブな思考を信じたとたん、人は自らに苦難を課すことになるのです！」
私の導師

「あなたが感じるものはすべて、あなたが自分で決めて感じているものばかりだ。そうしたものはあなたの感情であり、あなたの思考なのだから。あなたが生み出し、あなたが考え、それは他の誰のせいでもないというのに、あなたはまるで自分にはどうしようもないことのように振る舞う！　自分で蛇口をひねって頭から水をかぶり、『わあ、誰かが私を濡らしているぞ！』と言っているのだ。蛇口をひねって自分をずぶ濡れにしたのは、あなた自身だ。だから、自分の身に起きたことは何もかも、ひとつ残らず自分の責任なのだ。『自分のしわざなのだ』という方向に目を向ければ、あなたにも理解できる！　そして、自分を苦しめているのが自分自身なのだと理解すれば、『私はなんと馬鹿なことをしていたのだ！』と言わずにはいられないだろう。そうすれば、そんなことはもうしなくなる。自分に苦しみを与えるのをやめ、自分で自分を幸せにできるようになる」
レスター・レヴェンソン『幸福はそこにある（*Happiness Is Free*）』ボリューム1-5

　　自分の人生のすべてに責任を持つことは、どんなことが起ころうとも、誰

かや何かのせいにしないということです。しかしそれは、自分を責めろということではありません。「責める」というのもまた、マインドが何度も繰り返すプログラムでしかないのです。本当のあなたは、決して責めたりしません——それをするのは、マインドだけなのです。責めたり批判したりするマインドから解放され、ネガティブな思考を信じるのをやめるためには、ネガティブな判断を生み出す唯一の要因はマインドなのだ、と理解しなければなりません。

「自分の抱えた問題の原因が他のどこかにあると思っている限り——自分が味わっている苦しみの責任は、他の誰かや何かにあるのだと思っている限り——状況は絶望的です。あなたはいつまでも犠牲者の役柄を演じ、楽園で苦しみ続けるしかなくなるのです」
バイロン・ケイティ『そのままを愛する（*Loving What Is*）』

　自分自身の人生に責任を持てば、そうするのが自分のためだと思ってエゴやマインドに被害者を演じさせるようなことも、もうなくなるのです。

「思考には、思考の知覚者を支配することはできない。それが理解できたらどんな気持ちだろうかと気づくことだ。そうしたら自由な気持ちになれるのだと、気づくことだ。そうすれば、無意識のうちに思考と同調することをやめられる。連鎖を断ち切ることができるのだ」
ピーター・ジュバン『シンプルな気づき（*Simply Notice*）』

　思考を知覚しているもの、それは意識です。そして感情を知覚しているのも意識なのです。うろたえたり、腹を立てたりするのは意識——つまり本当のあなた——ではありません。マインドなのです。怒り、傷つき、恐れ、不安を抱き、失望するのは本当のあなたではありません。マインドなのです。それが自分自身であるように感じられてしまうのは、マインドが自分なのだと信じているからでしかないのです。マインドの思考を信じてしまっているからなのです。

「テレビ画面の下を流れていくテロップだと思い、あらゆる思考を素通りさせてしまうことだ。テロップに注意を向けさえしなければ、画面全体が見えるのだから」
カリヤニ・ロウリー

マインドが持つ3つの思考

　マインドは他のあらゆるものと同じく人の意識から生まれるもの。しかし、どう見えようとも、マインドは実態のあるものでも、実在するものでもありはしません。コンピューター・プログラムとよく似た、機械的な活動であり、プロセスに過ぎないのです。そして、何度も繰り返されるところもまた、コンピューター・プログラムとよく似ています。そして、そのように何度も繰り返されるのは、そこに3種類の思考しか存在しないからなのです。

「マインドは、測り、比較し、解説します。マインドはこの3つを、何度も何度も繰り返し行っているのです。自分の言葉を、もしくは自分に浮かんできた思考を、逐一チェックしてみてください。すると、どの思考もマインドが何かを測ったり、比較したり、解説したりしたものであると分かるはずです」
私の導師

　マインドは、次のような思考を測ります。「そこまで2時間かかるだろう」「1週間後から休暇だ」「あとどのくらいで出荷されるだろう?」「10ポンド損してしまった」「十分なお金がない」
　そして、次のような思考が生じると比較を始めます。「セダンよりSUVが欲しい」「バスよりも歩きで出勤したい」「あの子は私より頭がいいし、才能にもずっと恵まれている」「彼は絶対、私よりも出世する」「あの子をごらんなさい、私もあんなスタイルだったらいいのに」「あいつは昔と変わってしまった」

　そしてマインドは、あなたには何も見えていないのだとでも言うかのように、ひっきりなしにすべてを解説していきます。しかし、マインドがいちいち解説などしなくとも、あなたには自分の人生のできごとがちゃんと見えているのです。むしろ、ひっきりなしの解説により、世界がありのままに見えなくなってしまっているのです。

「人の注意はほとんどの場合、思考に向いてしまう。そして自ら説明の罠（わな）に囚われ、人生を存分に享受できなくなってしまう」
カリヤニ・ロウリー

「マインドは、訪れるあらゆるものを重要なもののように見せるもの。それが基本的な機能になっているのです。その機能があまりにも盛んなものだから、人は、本当は逆にもなりえるのだと——実際には、マインドはその機能を抑えることができるものなのだと——いうことにも、ほとんど気づきません。そのうえ同様に、実はマインドがひっきりなしにすべてを重要なものに見せるから苦しみが生まれるのだとも気づきはしません。そして、人生に起きるできごとが苦しみを生み出していると信じ込んでしまうのです」
ジャン・フレイザー『扉を開く（*Opening the Door*）』

　マインドが何かを解説するのは、物語を語っているのです。世界と現実を解釈し、幻想を語るのです。マインドが作り出す物語の多くは、あなたについての物語です。そして、そうした物語を信じればストレスと苦しみの原因となるだけでなく、人生がひどく限定されてしまうことになるのです。ネガティブな物語を信じると、人生はその物語のとおりになってしまいます！　マインドがあなたについての物語を作り出し、あなたの信じる気持ちがその物語に力を与え、マインドがそれを顕現させてあなたに体験させるのです。そこには、次のような思考があります。

「私にはどうしようもない。どうしたってうまくいくわけがない」

「お金のことは苦手だ。まるで指の合間からこぼれ落ちていってしまうようだ」
「この病気は血筋のもので、逃れようがない」
「私には大きな問題がある」
「トラウマが克服できない。人生の終わりまで付きまとわれるんだ」
「彼とは何年も一緒にいたし、人生で最愛の人だった。いなくなっただなんて、とても耐えられない」

　マインドが人に仕掛ける最大の嘘のひとつは、人は肉体とマインドだというものです。信じてしまうと、それが私たちの実感になってしまうのです。自分や人の身に何が起きるのかと脆く不安な気持ちになり、人生のできごとや状況に対して無力になるばかりか、肉体が死ねば人生が終わってしまうのだと信じてしまう人もたくさんいるのです。まったく皮肉な話ではありませんか。本当のあなたは——無限の意識である本当のあなたは——マインドが語る物語とはまったく正反対なのですから。

「その働きはこうだ。人は朝に目覚めたその瞬間こそ静寂に包まれてはいても、すぐにマインドがふたたび機能しだし、騒ぎはじめる。『今日の用事はなんだっけ？　私は何歳だった？　どんな問題を抱えていた？　うまくいかないことを、どうやってやめればいいだろう？』そして、マインドの物語と完全に同調してしまう。今日もブーツをはいて同じことをくり返すのだ」
デーヴィッド・ビンガム　**ConsciousTV**

　マインドが私たちに信じ込ませているもうひとつの物語。それは、時間の物語です。時間は、とても便利なツールです。これがあるから私たちはカレンダーや時計を頼りに仕事をし、自分の人生を誰かの人生や世間のできごとに合わせていくことができるのです。しかしアインシュタインが発見したとおり、時間は相対的なものです。本当は、時間などというものは存在していないのです。時間とは幻想——マインドが作り出した心理的な概念なのです。

「捕まえようとしても、時間はいつでも指の合間から抜け落ちていってしまう。間違いなく時間は存在すると思ってはいても、誰にも捕まえられないのだ。私は、捕まえられないのは存在などしないからだと感じている」
ジュリアン・バーバー物理学者　アダム・フランク著『時間と宇宙のすべて（*About Time*）』より

　本当に存在しているのは、今この瞬間だけ。どんなに必死になろうとも、今この瞬間以外のできごとも、状況も、決して見つけ出すことはできません。
　時間の存在しない世界を想像しようとしても、それは無理です。頭脳には、理解ができないからです。マインドは常に過去か未来にあるもの。今この瞬間を感じてはいないのです。今立ち止まってこの瞬間を見つめれば、そこに思考が存在しないのに気づくはずです。多くの人々がマインドに邪魔をされ「本当の自分は誰なのか」に気づけずにいる原因のひとつがこれです。意識は、今この瞬間にしか認識できないものだからです！
　時間を作り出しているのはマインドなどではないと思うのならば、マインドの外に時間が見つかるかどうか、試してみてください。

「思考の中以外に、過去が存在する証拠が見つかるかどうか、試してみなさい。今あなたが考えている過去の他に何らかの過去が見つかるか、全力で試してみなさい。不可能なのが分かるはずだ」
ピーター・ジュバン『意識こそすべて（*Consciousness Is All*）』オーディオ版

　思考の外に過去や未来が存在する証拠を見つけ出すのは、不可能で

す。過去や未来に足を踏み入れた人など、誰ひとりとしていないのです。
過去に何かが起きたなら、それは今この瞬間に起きているのです。未来に
何かが起きるのだとすれば、それは常に今この瞬間に起きているのです。
子供のころ、初めて自転車に乗ったときのことを思い出してみてください。
自転車に乗っていたあなたは、過去に自転車に乗っていたのでしょうか？
それとも、その瞬間に自転車に乗っていたのでしょうか？　今朝目を覚ました
とき、あなたは過去に目を覚ましたのでしょうか？　それともその瞬間に目を
覚ましたのでしょうか？

「過去も未来も経験できるものではなく、単に頭の中で処理することしかで
きないのです。過去と未来は、思考という形でしか存在しないのです」
ジャン・フレイザー『最高の甘味料：思考の後の人生 (The Great Sweetening: Life After Thought)』

「地球に過去が存在した証拠として私たちが手にしているのは、岩石と化石
だけだ。しかしそうしたものは、現在我々が調べる鉱物という形を取った、
安定構造でしかない。つまり、私たちにはそうした記録しかなく、しかも
今この瞬間にしか所持することができないのだ」
ジュリアン・バーバー　物理学者　アダム・フランク著『時間と宇宙のすべて (About Time)』

　時間など存在しないと初めて言われたとき、私のマインドは時間の存在を証明する証拠を探そうと、あらゆる思考を引き連れ荒れ狂いました。「古いビルはどうなるの？　過去が存在した証拠じゃないの？」という感じです。ですがよくよく考えてみて、ビルが建てられたのは今この瞬間だったのだと気づいたのです。そして、表に立ってその古いビルを見ている私も、今この瞬間に見ているのです。同じビルを目にした誰もが、今この瞬間に見たのです。そして、時間の実在を証明しようとして生じてくるひとつひとつの思考を調べてみた私は、どれも偽物だと分かったのです。今この瞬間しか存在していないのだと。

「好むと好まざるとに拘わらず、あなたは今この瞬間にいます。存在するのはこの瞬間だけで、この瞬間は無限なのです。あなたはそこにしか存在しえないのです」
私の導師

「今というものは、過去と未来という広大なスペースに挟まれた一瞬の時間ではない。ここにある今が、唯一の今なのだ——永遠の今なのだ。どこから訪れるものでも、どこかに去っていくものでもない」
ルパート・スパイラ『愛情の燃え殻（*The Ashes of Love*）』

　時間は幻想なのだという可能性に目を開けば、あなたにとって解放への力となってくれるでしょう。

「未来が訪れることはありません。考えてみてください。いつまでも、今があるだけです。今この瞬間、そこには人生はここにあるという感覚があります。行くべきところはない、すべきことはない、という感覚があります。今は、それが起きるところなのです。そして、他のどこでも起きはしないのです。これから訪れるあらゆることに不安を抱き、すでに過ぎ去ってしまったことを何度も（そして何度も）振り返り続けるマインドの中では、絶

対に起きるわけがないのです」
ジャン・フレイザー『扉を開く（*Opening the Door*）』

「過去は記憶からできており、未来は想像からできている。そのどちらも、思考の領域の外にはまったく存在していない」
ルパート・スパイラ『愛情の燃え殻（*The Ashes of Love*）』

　存在などしないものの、等しくストレスと不安の原因となる過去と未来に、マインドはいつでも執着します。たとえば、「会議に遅れそうだ。上司も同僚も、きっと私に腹を立てるだろう。先週も遅刻してしまったからな。もしかしたら遅刻のせいで、クビになるかもしれない」などと考える人がいます。ですが、こうした思考を真実の、確かなものだと信じてしまうよりも、薄っぺらい思考でしかないのだと意識してみてください。こうしたものは、捏造された作り話でしかありません。しかしマインドを信じてしまうと、それが現実になってしまうのです。

　マインドが物語を語るのは、機械的なプログラムによりそうしているに過ぎません。ですが、そうした物語を、私たちの多くは真実だと信じてしまうのです。時間は実在するのだという物語を、私たちは肉体とマインドなのだという物語を、そうしたものがすべて組み合わさり、私たちが経験する現実を作り上げていくのにひと役買うわけです。すべては頭の中で起きていることである以上、心の中の空想にしか過ぎないのです。

「人が嫌うのは、あなたではありません。あなたの物語を人は嫌うのです」
バイロン・ケイティ『マインドとともに安らぐ（*A Mind at Home with Itself*）』

　気に入らないものであれば、マインドが語る物語を信じてはいけません。信じれば、その物語に同化してしまうからです。マインドがどのように機能するかに気をつけ、あなたを完璧なもの、善良なものとする思考以外は、絶

対に受け入れてはいけません。なぜなら本当のあなたは実際に、完璧で、善良なのですから。

出口、それは意識すること

「思考とはなんだろう？　エネルギーの動きのことだ。感情とはなんだろう？　エネルギーの動きのことだ」
ピーター・ロウリー　講演『無限の意識（*Consciousness Unlimited*）』より

　本当のあなたは——無限の意識は——思考の影響を受けたりはしません。だから思考がそこにあることに気づき、いったいどのようなものかを見定めることです——ただの思考、つまり通り過ぎていくエネルギーにしか過ぎないのですから。

「思考は、飛び去っていく1羽の鳥のようなもの。いちいち分析したりせず、自由に飛んでいかせればいいのです。『どこに行くの？　なんていう鳥なの？　家族はどこ？　何歳？』などと訊かず、ただ飛び去っていかせればいいのです」
私の導師

　マインドを消滅させたり、敵対したりする必要はありません。そんなことをしても、ただマインドにさらなる力を与えてしまうことになるからです。意識は、マインドがもたらす混乱からの出口です。思考を意識すれば、もう信じ込んだりすることもなくなるのです。思考を意識しながら同時に信じることは不可能です。なぜなら意識は、あなたが思考を真実とみなして同調しようとするのを妨げてくれるからです。思考に溺れるのではなく観察すれば、思考とはどんなものであるかが見えてきます。信じるか信じないか、選べるものなのだと。

「本当のあなたに、思考は必要ありません。ものを見るのにも、自分の肉体や周囲を感じ取るのにも、思考は必要ないのです。本当のあなたは、思考から解き放たれています。意識は思考などなくとも、すべてを最初に聞き、見て、感じているのです」
私の導師

　忘れてはいけません。あなたの思考は、あなたのことなど感じてはいません。あなたが、思考を感じている意識なのです。

「自分がいかに真剣に自分を見つめているかを本当に知ろうという意欲を持てば、マインドは静まり、ほのかに暖かなそよ風がそこに舞い込んできます。これが自分なのだとしがみついてきたもの――意見、欲望、恐怖といったあなたが注視してきたもの――は、端に追いやられて薄くぼやけてしまうのです。人生に不思議なほどの安らぎを感じる。歓喜すら覚える。ものごととはただ……起こる。あなたにはそれで問題ありません。本当に、何も問題はなくなるのです。レーダーのスクリーンには、どんな意見も浮かびはしません。頭の中が、水を打ったように静まり返ります。これまで善良に暮らしながら、自分がどれだけ必死に働いてきたかがはっきりと見えます。あなたの人生の始まりです」
ジャン・フレイザー『扉を開く（*Opening the Door*）』

CHAPTER5　まとめ

- 自分の思考を信じてしまうというたったひとつの習慣が、美しく輝く私たちの本当の姿、つまり意識として生きる力を奪ってしまう。

- ネガティブな状況の原因になるのは、人生に登場する人物、状況、できごとに対するあなたの思考であり、人物、状況、できごとそのものではない。

- 思考は、あなたの欲求を命令として発するために存在する。他の目的に、思考は必要ない。なぜなら、他のものはすべて意識が受け持つから。

- マインドは脳ではない。脳は思考しない。思考はマインドから生じている。

- マインドとは、完全に思考のみから作られているもの。思考がなければ、マインドも存在しない。

- 自分の思考をまるで真実のように信じている人はたくさんいるが、多くの人々にとって人生がつらく苦しいものになってしまっている理由は、ここにある。

- ストレスや苦しみは、ネガティブな思考が生み出す。だからこそ、特にネガティブな思考に気をつけていなくてはいけない。

- 思考を信じてしまえば、すぐさま頭の中で上映されている、マインドが作り出す映画の上映会に囚われてしまう。そして、ありのままの現実世界を体験することができなくなってしまう。

- 思考は感情を生み出す原因となり、そこで生じた感情は、新たな思考を生み出していく。
- マインドが悪というわけではない。ネガティブな思考を信じると、そこで問題が始まってしまう。

- 怒り、傷つき、恐れ、不安を抱き、失望するのは本当のあなたではない。あなたのマインドだ。

- マインドは、3種類の思考しか持たない。測り、比較し、解説するだけだ。

- マインドが人に仕掛ける最大の嘘のひとつは、人は肉体とマインドだという嘘だ。

- マインドが私たちに信じ込ませているもうひとつの物語とは、時間の物語だ。時間は幻想——マインドが作り出した心理的な概念でしかない。

- 存在するのは、今この瞬間だけ。過去と未来は、思考という形でしか存在しない。

- マインドを消滅させたり、敵対したりする必要はない。意識は、マインドがもたらす混乱からの出口なのだから。

- 思考に溺れるのではなく観察すれば、思考とはどんなものであるかが見えてくる。信じるか信じないかを選ぶことのできる、自分とは別のものなのだと。

CHAPTER 6

感情の力を理解する

　二度とネガティブな感情に振り回されずに人生を歩んでいくことは、可能です。本当のあなた、つまり意識として日々を暮らすと、今のようにネガティブな感情に左右されることがなくなるのです。本当のあなたは常に、どんな状況であろうとも、純粋に幸せなのです。自分を振り回すネガティブな感情に終止符が打てるなどとは、なかなか想像しづらいかもしれません。ですが、自分にはできると、あなた自身が気づくときがくるのです。

「ネガティブな感情は破壊的なものです。本当の私たちは、建設的なのです」
私の導師

　この本に書かれているメソッドを実行することにより、私はもうひどくネガティブな感情に苦しむことがなくなりました。感じるにしてもごく些細なもので、私はすぐに気づいてその場で消してしまうことができるのです。以前の私はネガティブな感情に、まるでハリケーンの中に踏み込んだかのように振り回されていました。ですが秘密を発見してからというもの、私は瞬間瞬間に起きる自分の感情を、鋭敏に感じ取ることができるようになったのです。もしあなたが自分の感情を感じ取れているのであれば、すぐにあなたにも分かるでしょうが、ネガティブな感情を永遠に消し去ってしまうまで、あとはシンプルなステップひとつだけです。ネガティブな感情からすっかり解放されてしまえば、あとに残るのは本当のあなた、つまり意識だけ。人生は、息を呑むほど素晴らしいものに変わるのです。

「ひとたび最高の人生には労力など必要ないのだと理解すると、その逆を想像するのにはとてつもない労力が必要になる」
レスター・レヴェンソン

　感情の正体とは何か。それを理解すれば、自分に対する感情の支配力を弱めることができます。

　感情は（そして思考と感覚は）、単なるエネルギーの動きでしかありません。エネルギーの振動は、感情も——思考と同じように——振動するということなのです。異なる感情は、異なる周波数で振動します。いい感情は高い周波数で振動し、肉体にも益をもたらし、人生を取り巻く状況にもポジティブな影響を及ぼしてくれます。そしてあなたが抱くポジティブな感情は、他の人々や惑星全体にとっても有益なものなのです。ネガティブな感情は低い周波数で振動し、肉体にも人生の状況にも、他の人々にも、この惑星にも、有害な影響を与えます。ですがそもそも、感情とはいったいどこから訪れるものなのでしょうか？

　感情を作るのは、思考です。あなたが持つ思考が、同じ種類の感情を作り出しているのです。幸せな思考を持てば、幸せな感情を抱くのです。そして幸せに感じると、同時に怒りの感情を抱くことはできなくなります。幸せな思考は幸せな感情を生み出し、そこからさらに多くの幸せな思考が生じるのです。それと同様に、もし怒りを感じたとするならば、それは怒りの思考を持ったせいで生じた感情です。思考と感情は、常に一致するのです。両者は1枚のコインの表裏なのです。

　もしトラブルが持ち上がり、ネガティブな思考と感情に身を任せてしまうと、その日は次々とおかしなできごとが続くようになるものです。ですがいい気分になると、次々といいできごとが続くようになるのです。あなたが内側で感じることは、外界で起きるできごととぴったり一致しているのです。

「あなたは物事が創造されるのは外界ではないことをすでに理解しました。すべてはあなたの内側、思考と感情からやってくるのだと知っています」
『ザ・シークレット』

ポジティブな感情

　よき感情とは努力をまったく要さないものだと、あなたはもう気づいている
でしょうか？　いい気分でいるときにはまるで羽毛のように軽くなったように感
じ、まるで自分には無限のエネルギーがあるように感じるものです。自分が
どんな感情を抱いているかを細かく感じ取ると、よき感情が肉体とマインドに
与えるポジティブな効果に気づくことができるでしょう。

　いい気分になるというのは、チアリーダーになってフットボールの競技場で
興奮し、ぴょんぴょん飛び跳ねるようなことではありません。あなたもまず体
験したことがあるはずですが、極度に興奮してしまうとエネルギーを使い果
たしてしまい、あとでぐったりと疲れ果ててしまうことになります。

　いい気分というのは、たとえば大切な1日を見事に乗り越えたあとに感じ
る気分のようなものです。旅行に出かけた子供のような気分のことです。たく
さん運動してシャワーを浴び、美味しい食事や大好きな番組を目の前にした
ときのような気分のことです。リラックスし、安心感を覚えます。体の力を抜
くと、穏やかな幸せを感じるのです。「ああ、最高じゃないか！」と口走るよ
うなことはあるものですが、それが「いい気分」というものなのです。必死
に力を込めて人生を握りしめているその手を離せば、自然といい気分になれ
るもの。なぜなら、いい気分でいることがあなたの本質なのですから。裏
を返せば、あなたがいい気分でいるときはつまり、あなたが悪い気分を手
放し、自然といい気分が現れるようにしているに違いないのです。

「よき感情は、楽しむべきものです。よき感情は歓びの表現であり、私たち
を歓びへと、つまり私たちの本質へと連れ戻してくれるものだからです。
よき感情を楽しみ、それとひとつになることです」
フランシス・ルシール『静寂の芳香（*The Perfume of Silence*）』

　ポジティブな感情、よき感情とは、日々のできごとに「イエス」と答えた結果として生まれるものです。「イエス、それが欲しいです」「イエス、楽しそうです」「イエス、いいと思います」「イエス、大好きです」「イエス、とても素晴らしい意見です」。そこからポジティブな感情が生じるのです。

　ポジティブな感情、よき感情には何も問題がありません。幸せなよき感情というものはつまり、意識から生まれるものだからです。いい気分にひたり、味わい、恋に落ちましょう。

ネガティブな感情

　ネガティブな感情は、起きたできごとに対して「ノー!」と思ったり、言ったりした結果として生まれるものです。「ノー!　こんなのは嫌だ!」から、ネガティブな感情は生じるのです。その原因は、誰かに向けられた、あなたを傷つける言葉や行動かもしれません。誰かに反対されたことかもしれません。口喧嘩のように、あなたの望まない状況が起きたせいかもしれません。遅刻のせいかもしれません。健康上の理由かもしれません。破局かもしれません。積み上がった借金のせいかもしれません。携帯電話を失くしたからかもしれません。交通渋滞のせいかもしれません。配達が遅れたからかもしれません。欲しいものが在庫切れだったからかもしれません。外が暑すぎるか、寒すぎるせいかもしれません。政治のせいかもしれません。飛行機が遅れたり、欠航になったりしたせいかもしれません。駐車場が空いていないからかもしれません。スーパーや銀行、はたまた空港に長蛇の列ができているからかもしれません。

　「ノー!　こんなのは嫌だ!」そう思ったり、言ったりした途端、あなたの中に反発が生まれ、その反発が悪感情を生み出します。そして私たちは目の

前の状況に反発するだけでは飽き足らず、さらにその悪感情にまで反発してしまうのです。すると気分はさらに悪くなり、気づけば悪感情の蜘蛛の巣に囚われてしまっています。そして、その悪感情は外界ではなく、すべて私たち自身の反応が生み出しているものなのです。目の前のできごとに対する反発と悪感情は、その状況をさらに変えがたいものにしてしまうばかりか、人の肉体からエネルギーを枯渇させ、免疫系に衝撃を与えてしまうのです。

「悲しみを感じるのは、悲しみの対象にしがみついているからだ。『これは手放さなくてはいけないものなのだ』と言ってごらん。気分はすぐによくなりはじめる」
レスター・レヴェンソン『幸福はそこにある（*Happiness Is Free*）』ボリューム1−5

　ポジティブな感情は、なんの努力も必要としません。なぜなら、それが意識の本質だからです。私たちはポジティブな感情でできています。歓びで、幸せで、愛でできているのです。ネガティブな感情を持ち続けるには、ものすごいエネルギーが必要になります。だから日中にエネルギーが底をつくと、人はくたくたに疲れ果ててしまうのです。激怒したりしてネガティブな感情に襲われると、人は我を忘れてしまいます。それは、ネガティブな感情が生じるのにも、持続するのにも、膨大な労力とエネルギーが必要だからです。努力が必要なのは、それが私たちではないからです。ネガティブな感情を覚えるとき、人は自分自身と敵対しているのです。

「私を維持するには、とてつもないエネルギーがいる」
ピーター・ロウリー

「個人でいるには、膨大なエネルギーが必要になる。自分自身でいるのには、エネルギーなどまったく必要がない」
ムージ

「不要なエゴを手放せば、自己^{セルフ}としての平穏と歓びを自然と感じられる」
レスター・レヴェンソン『幸福はそこにある (*Happiness Is Free*)』ボリューム1−5

　ネガティブな感情がなくなると、そこに自然とポジティブな、よき感情が発生します。その感情を生み出すのには、なんの労力も必要ありません。必要なのは、悪感情を手放すことだけ。すると自然に幸せを感じ、素晴らしい気持ちになれるのです。

「愛に労力は不要である。憎悪は多大な労力を要する」
レスター・レヴェンソン『幸福はそこにある (*Happiness Is Free*)』ボリューム1−5

埋もれた感情

「あなたに付きまとう感情的な重荷のほとんどは、もともと押しやられた感情だったものです」
ジャン・フレイザー『存在の自由 (*The Freedom of Being*)』

　まだ幼い子供だったころから、私たちは無意識のうちに数え切れないほどの悪感情を胸に押し込め、抑圧してきました。それが今でも潜在意識の中に貯えられているのです。悪感情は潜在意識の中に埋もれ続け、人のエネルギーを、そして人生を吸い取っていきます。そうしたエネルギーはすべて肉体の中に閉じ込められているわけですが、このエネルギーが、肉体的な健康や人生を取り巻く状況を荒らし回るのです。

　私たちが胸に押し込め、そこに抑圧してしまうのは、悪感情やネガティブな感情だけ。そして、抑圧された感情とネガティブな感情は、実際にはまったく同じものなのです。腹を立てたときに感じる怒りの感情は、あなたの奥

底から湧いてくる抑圧された怒りと同一のものなのです。

　それに、押し込められたネガティブな感情には、たくさんのネガティブな思考がくっついているものです。最初に私たちに悪感情を抱かせた思考や、そのあとに私たちが持った、ネガティブな感情と結びつく思考がすべてそこにくっついているのです。抑圧されたネガティブな感情にくっついた思考は、何度も繰り返して出現することで私たちをマインドに閉じ込め続け、人生に悪しき影響を及ぼし、人々の目から本当の自分を隠し続けるのです。

　赤ちゃんや3歳以下の子供は、感情を抑圧したりはしません。何もせずとも自分の本質として、つまり意識として暮らしている彼らは、自然と感情を手放すことができるのです。だから赤ちゃんやよちよち歩きの子供は、さっきまで泣いていたはずがいきなり微笑んだり、大笑いしたりするのです。どんな感情にも反発しないのです。

「大人というラベルを貼られるまでに、人は感情を抑圧することにすっかり慣れ、それが第2の本性と言ってもいいほどになってしまう。かつては手放すことで安心したり、いい気分になっていたりしたはずが、抑圧することで同じように安心し、いい気分になったりするようになるのだ。しかし、そんなにも感情のエネルギーを抑圧するあまり、私たちは歩く爆弾のようになってしまう。自分が本当の感情を抑圧していることに気づきすらしないまま、手遅れになってしまうことも少なくない。すると肉体にはストレスに関連する症状があらわれ、がちがちに肩をいからせ、心にわだかまりを抱えてしまったり、ついに爆発していずれ後悔するようなことを言ったりしたりしてしまうことになる」
ヘイル・ドゥオスキン『人生を変える一番シンプルな方法（*The Sedona Method*）』

　悪感情を生み出すネガティブな経験をすると、完全に悪感情を手放すことができないかぎり、結局はその悪感情を押し込め、自分の中に抑圧します。

　胸のつかえが取れたと思ったり、頭を悩ませていた問題が解決したと感じたりしても、ネガティブな感情を手放すことができないと、結局はあなたの中に残り、潜在意識の中に抑圧されてしまうことになるのです。

「ネガティブな感情を表すと内面の圧が弱まり、残った感情がそのままそこにとどまってしまいます。これは重要なポイントなので、憶えておきましょう。今の時代を生きる人々の多くは、感情を表すことで解放されると信じてしまっているからです。事実はその正反対なのです」
デイヴィッド・R・ホーキンズ医学博士『手放す（*Letting Go*）』

　要するに、蒸気を抜いたり発散したりしても、それは答えとはいえないのです。そんなことをしても、すでに抑圧されている感情にさらなるエネルギーを与えてしまうだけのこと。なぜなら、表現したところで、その感情は抑圧され続けるからなのです。

　ときに人は悪感情を意図的に抑圧しますが、そうしたものもやはり潜在意識の中に押し込まれていきます。たとえば嘆きや悲しみといった自分にとって好ましくない感情を胸に押し込めたり、怒りの感情を抑え込んだりすることで、意図的に抑圧してしまうのです。

「抑圧というのは、感情にふたをして押し戻し、否定し、抑え込み、そんなものは存在すらしないようなふりをしてみせることだ。心に入り込んでくる感情のうち手放すことのできないものは自動的に、私たちが潜在意識と呼ぶものの中に溜め込まれていくことになる。私たちは往々にして、見えないところに押しやることで、感情を抑圧してしまうのだ」
ヘイル・ドゥオスキン『人生を変える一番シンプルな方法（*The Sedona Method*）』

　家族や友人に失望させられたと想像してみてください。あなたは、相手が自分をがっかりさせ、自分は失望したのだと思っています。その失望感は

あなたの中に残って抑圧され、押し込められた感情のエネルギーの圧力は、何らかの方法で少しでも解放されないかぎり、膨れ上がり続けます。抑圧された感情は、体内圧を下げるためには少しでも出さなくてはいけなくなります。そして、自分を不快にさせる人や状況、はたまたできごとなど、膨れ上がったエネルギーを解放できる対象を見つけ出そうとするのです。これは、人が抑圧するあらゆる感情に当てはまります。ほとんどの人はありとあらゆるネガティブな感情を、抑圧してしまうもの。そういう感情を抱いたことがあるのなら、それは抑圧したことがあるということなのです。

　イライラするということは、あなたの中にはすでに抑圧されたいらだちがあったということです。もしそうでなければ、何に対してもいらだつはずがないのです。つまりいつあなたがイライラしようと、それは抑圧された元々のイライラ感が表に出てきているのです。怒り、フラストレーション、いらだち、復讐心、憎悪、抑鬱、悲しみ、絶望、嫉妬、罪悪感、羞恥心、焦り、幻滅、失望、腹立ち、敗北感……。ネガティブな感情であれば、何にでも当てはまります。悲しい話ですが、人は子供のころに本当に多くのそうした感情を抑圧してしまいます。それは、無垢な子供にとって、あまりにも苦しくて他にどうしようもないからです。そして人生が進んでいくにつれ、感情を手放す代わりに自分の中に押し込めていくのが習慣になってしまうのです。多くの人々は、悪感情を抑圧したりこらえたりしながら、一生を過ごすことになるのです。

　あなたのマインドは、「その感情は外界の何かによって生み出されている」とあなたをまやかし、悪感情の原因を隠してしまおうとします。

「マインドとは、自分は無力で無知な被害者のような顔をして、悪感情の原因をできごとや他人のせいだと責めるものです。『あいつが私を怒らせたんだ』『あいつが私をキレさせたんだ』『あれのせいで怖くなったんだ』『世界情勢のせいで怖くてたまらなくなったんだ』といった具合に。だが実際には、まさしく正反対なのです。押し込められ、抑圧された感情は出口を求め、

外界で起きるできごとを、出ていくための引き金や理由として利用しようとします。人は、チャンスがあれば蒸気を噴き出そうとしている圧力鍋のようなものです。私たちの引き金は、いつでも準備万端。この状態は精神医学において『置き換え』と呼ばれています。しかし実際は、私たちが怒っているから、できごとに怒らせられるのです」
デイヴィッド・R・ホーキンズ医学博士『手放す（*Letting Go*）』

　怒りのような悪感情に強烈に、そしてあっという間に我を忘れてしまうと、まさしく圧力鍋になってしまったように感じないでしょうか？　しょっちゅう怒っている人というのは膨大な量の怒りを——幼少期に溜め込んだものである可能性が高いです——抑圧しているわけです。そうした人々は、他人やできごとが怒りの原因になったのだと信じ込んでいるわけですが、本当の原因は間違いなくたったひとつ、自分の中に抑圧された怒りしかないのです。

「ストレスを生み出す根源は、実は内面にあります。外部にあると信じたくとも、そうではないのです。恐怖に対する反応しやすさは、外的な刺激によって引き起こされる恐怖をそれまでにどのくらい溜め込んでいるかで決まります。内面に溜め込んだ恐怖が多いほど、世界に対する先入観は恐ろしいものとなり、何かが起こるのではと警戒するようになります。恐怖を溜め込んだ人にとって、この世界は恐ろしい場所です。怒れる人にとって、この世界は鬱憤といらだちのカオスです。罪悪感の強い人にとって、この世界は誘惑と罪のるつぼで、そればかり見えてしまいます。内面に抱えたものが、世界を彩るのです。罪悪感を手放せば、無辜の世界が見えるでしょう。しかし、罪悪感に囚われた人には、悪しか見えないのです」
デイヴィッド・R・ホーキンズ医学博士『手放す（*Letting Go*）』

　もしもまたネガティブな感情に襲われたなら、たとえどのように感じたとしても、「これは、すでに自分の内面にあるから体験していることなのだ」と思い出してください。外界の人や状況が原因ではないのだと。

　さあ、解決できたように感じたのではないでしょうか？　結局のところ、「ネガティブな感情は肉体の内側から湧き上がってくる」というのは、経験からはっきりしているのです。街を歩いていても、向こうから飛んでくるネガティブな感情を避けながら進むようなことは、まったくないのです。ネガティブな感情は、誰の肉体の外にもありはしません。人、状況、できごとに対する自分の反応がネガティブな感情の原因なのであり、実際の人や状況やできごとは関係ないのです。

自分で自分を縮めてしまう

　ネガティブな感情を本当の自分だと思い込んでしまうと、その感情はさらに強力になってしまいます。ですが、私たちが感情になれるわけなどありません。そうして感情と自分を同一視するということはつまり、無限の意識を自ら縮め、取るに足らない小さな感情に支配されるままになってしまうことです。

「思考と感情が強力に見えるのは、私たちがエネルギーを与えてしまうからだ。勝手に湧いたり鎮まったりに任せておけば、ひとりでに消えてしまう」
カリヤニ・ロウリー

「『私は悲しい』と言うのは正確ではありません。正確を期すなら『今この瞬間、悲しみの感情が体を流れている』と言うべきなのです。悲しみの感情が流れるに任せることができれば、おのずと、そして無意識のうちに、不動の部分に足場を見つけることができるでしょう」
フランシス・ルシール『静寂の芳香（*The Perfume of Silence*）』

　さて、自分に訊ねてみてください。あなたは悲しみの感情でしょうか？　それとも悲しみを感じている存在でしょうか？

　あなたは、悲しみを感じている存在です。
　悲しみが訪れる前にも、あなたはそこにいましたか？
　確かに、同じ場所にいたはずです。
　悲しみが去ったあとも、あなたはそこに残り続けるでしょうか？
　残り続けていられるよう、願っています。
　悲しみが消えたら、あなたは自分の一部を失うでしょうか？
　そうでないことを、心から祈っています。

　そう、あなたは悲しみの訪れよりも先にそこにいて、悲しみが去ったあとにも、無傷のままそこに残り続けるのです。それは、あなたが悲しみではないからです。悲しみは、あなたが感じているだけのものなのです。あなた自身ではないのです。そんな感情のされるがままとなり、自分は豆粒ほどに小さいのだと考えてはいけません。あなたは宇宙を抱く、無限の存在なのですから！

「ちっぽけな振りをしてはいけない。あなたは恍惚に満ちた宇宙なのだ」
ルーミー

　導師からは、あらゆるネガティブな感情について、次のように自問するよう勧められました。
「私はその感情だろうか？　それともそれを感じている存在なのだろうか？」

　この質問は、どんなに強烈な感情もたちどころに取り去ってくれます。自分と感情を同一視するのを、止めてくれるからです。

「思考とは、駅に入ってやがて出ていく列車のようなものだと考えなさい。あなたは駅であり、乗客ではないのだと」
ルパート・スパイラ『愛情の燃え殻（*The Ashes of Love*）』

　感情とは、現れ消えるものだと気づいてください。そしてあなたが——意識が——現れた感情を感じ、消えていく感情を感じるのだと気づいてください。

「ネガティブな感情は現実の中にではなく、あなたの中にあるものだ。決して自分と同一視してはいけない。私とは、なんの関係もないものなのだから。その感情を、自分の本質を定義したりしては駄目だ。『私は憂鬱だ』と言ってはいけない。『憂鬱なことがあった』と言うのは問題ない。『あそこは落ち込む』や『あそこは憂鬱だ』はいいが『私は憂鬱だ』はいけない。それは、あなたが自分自身を感情として定義してしまうことだからだ。それは幻想だ。間違いだ。目の前に憂鬱があっても、苦痛の気持ちがあっても、何も

せずに放っておきなさい。すぐに行ってしまう。すべては行ってしまうのだ」
アンソニー・デ・メロ（イエズス会司祭）『意識　師との対話と人生の再発見（*Awareness: Conversations with the Masters and Rediscovering Life*)』

「自分のマインドに、こう言いなさい。『勝手に荒ぶり、勝手に落ち込むといい。私は無視や観察はしても、絶対にお前に加わったりはしないぞ』と」
ムージ

それは内なる仕事

「病院に行き、自分を苦しめているものを医師に説明している患者を想像してほしい。医師はこう答える。『なるほど、症状はよく理解できました。私がどうするか、分かりますか？　あなたの隣人に、処方箋を出すとしましょう！』すると患者は答えた。『先生、ありがとうございます。おかげでずいぶん気分がよくなりました』。不条理な話じゃないかね？　でもこれは、誰もがしていることなのだ。眠っている間、人はいつでも、誰かが変われば気分がよくなるはずだと思っているのだ。眠っているから苦しんでいるというのに『人が変わったら人生はどんなに素晴らしいだろう？　隣人が変わったら、人生はどんなに素晴らしいだろう？　妻が変わったら……？　上司が変わったら……？』と思っているものなのだ」
アンソニー・デ・メロ（イエズス会司祭）『意識　師との対話と人生の再発見（*Awareness: Conversations with the Masters and Rediscovering Life*)』

　人や状況、そしてできごとが変化して自分をいい気分にさせてくれるなどと期待してはいけません。どれひとつ、変わりはしないからです。自分の欲求や期待に応じて世界が変わってくれるのを待っていたのでは、絶対に幸せになれはしません。どんな状況であれ、自分の気分を変えるのは、いつでも内なる仕事なのです。

「私たちは持てる時間とエネルギーのすべてをかけて、外界の状況を、伴侶を、上司を、友人を、敵を、そして誰も彼もを変えようとする。だが、何を変える必要もありはしない。ネガティブな感情は、自分の中にあるのだ。あなたを不幸な気分にする力など、地上の誰にもありはしない……。そんなことを言う人は誰もいない。誰もがむしろ、正反対のことを言うのだ」
アンソニー・デ・メロ（イエズス会司祭）『意識　師との対話と人生の再発見（*Awareness: Conversations with the Masters and Rediscovering Life*）』

　ネガティブな感情とは、自ら植え付けるものです。ストレスの原因も混乱の原因も自分だというのに、私たちは自分を取り巻く世界がこのストレスや混乱を自分に植え付けたと思い込みたがるのです。

「他人の行動には、あなたを幸せにする力も、それを阻む力もありはしません」
ジャック・オキーフ

「ネガティブな感情を正当化するようなできごとは存在しない。世界中を探しても、ネガティブな感情を正当化するような状況など、ひとつたりとも存在しない。神秘主義者たちはずっとそれを伝えようと、声を嗄らして叫び続けてきた。だが、誰も聞く耳を持ちはしない。ネガティブな感情は、あなたの中にあるのだ」
アンソニー・デ・メロ（イエズス会司祭）『意識　師との対話と人生の再発見（*Awareness: Conversations with the Masters and Rediscovering Life*）』

　私たちが自らネガティブな感情を植え付けてしまうというのは、素晴らしいことです。それは、私たち自身にそれを食い止める力があるということだからです。私たちはそうした悪感情のせいで十分に苦しむと、出口を見つけたいと願うようになります。不幸や苦難ほど、出口を求めることを教えてくれるものは、他にないのです。さらに素晴らしいのは、悪感情を断ち切るシンプルな方法があることです——それも永遠に。

CHAPTER6　まとめ

- ネガティブな感情からすっかり解放されてしまえば、あとに残るのは本当のあなた、つまり意識だけ。人生は、息を呑むほど素晴らしいものに変わる。

- 感情を作るのは、思考。あなたが持つ思考が、同じ種類の感情を作り出している。

- あなたが内側で感じることは、外界で起きるできごととぎっちり一致している。

- いい気分でいることがあなたの本質。裏を返せば、あなたがいい気分でいるときはつまり、あなたが悪い気分を手放し、自然といい気分が現れるようにしているということ。

- ポジティブな感情、よき感情とは、日々のできごとに「イエス」と答えた結果として生まれるもの。ネガティブな感情は、起きたできごとに対して「ノー!」と思ったり、言ったりした結果として生まれるもの。

- ポジティブな感情は、なんの労力も必要としない。なぜなら、それが意識の本質だからだ。ネガティブな感情を持ち続けるには、ものすごいエネルギーが必要になる。

- まだ幼い子供のころから、私たちは無意識のうちに数え切れないほどの悪感情を胸に押し込め、抑圧している。それが今も潜在意識の中に貯えられている。

- 悪感情を生み出すネガティブな経験をすると、完全に悪感情を手放すことができないかぎり、結局はその悪感情を押しのけ、自分の中に抑圧することになってしまう。

- 蒸気を抜いたり発散したりしても、それは答えとはいえない。そんなことをしても、すでに抑圧されている感情にさらなるエネルギーを与えてしまうだけ。

- 抑圧された感情は、体内圧を下げるためには少しでも出さなくてはいけない。そして、自分を不快にさせる人や状況、はたまたできごとなど、膨れ上がったエネルギーを解放できる対象を見つけ出そうとする。

- またネガティブな感情に襲われたなら、たとえどのように感じたとしても、「これは、すでに自分の内面にあるから体験していることなのだ」と思い出すこと。外界の人や状況は原因ではない。

- ネガティブな感情を本当の自分だと思い込んでしまうと、その感情はさらに強力になってしまう。

- 自分に訊ねてみること。「自分は悲しみの感情だろうか？　それとも悲しみを感じている存在だろうか？」

- 感情とは現れ、消えるものだと気づくこと。そしてあなたが――意識が――現れた意識を感じ、消えていく意識を感じるのだと。

- 人や状況、そしてできごとが変化して自分をいい気分にさせてくれるなどと期待してはいけない。どんな状況であれ、自分の気分を変えるのは、いつでも内なる仕事なのだ。

CHAPTER 7

悪感情の終焉

「あなたと本当のあなたの間にあるものは、思考、もしくは感情だけ。とてもシンプルなのです」
私の導師

　幸せは、あなたという存在のナチュラルな状態です。だから今幸せを感じていないのであれば、あなたの中で幸せを堰き止めているネガティブな感情がそこにあるということになります。この章では、あなたを無限のループでがんじがらめにしているネガティブな感情を断ち切るための、さまざまなプラクティスを解説します。悪感情から解放されたあなたは、ついにナチュラルな状態──つまり強烈な歓喜と幸せ──となり、かつてないほど素晴らしい人生を歩むことができるようになるのです。

「最初にすべきは、あなたがまだ気づいてすらいないネガティブな感情と、つながり合うことだ。多くの人は、知らずしらずネガティブな感情を抱いている。多くの人々は鬱々としつつも、自分が鬱々としていることに気づいていない。歓びとつながって初めて、自分がどれほど鬱々としていたかを理解するのだ。最初に必要なのは、ネガティブな感情に気づくことだ。それはどんな感情だろう？　たとえば憂鬱感だ。あなたは憂鬱で、どんよりしている。自己嫌悪や罪悪感を覚えている。人生が無意味で、価値もないように感じている。苦痛を胸に覚え、神経質に気持ちを張り詰めさせている。まずはそうした感情とつながらなくてはいけない」
アンソニー・デ・メロ（イエズス会司祭）『意識　師との対話と人生の再発見（*Awareness: Conversations with the Masters and Rediscovering Life*）』

　自分が抱えているネガティブな感情の名前を知る必要はありません。ときとして、自分が正確に何を感じているかは非常に分かりづらいものだからです。知っていればいいのは、「その感情が幸せなものでないのなら、それはネガティブな感情だ。そしてネガティブな感情は人生を妨げ、絶え間ない幸せの暮らしをあなたから奪っているのだ」ということだけなのです。

　ネガティブな感情に、ただ気づくことです。反発したり、言動に出したり、何らかの決めつけをしたりすることなく、「これはただの感情なのだ」と認識すればいいのです。気分を変えようと、何かしてはいけません。その感情を取り除いてしまいたい気持ちを捨て、反発するのをやめれば、負のエネルギーは解放され、感情も消えていくのです。

「反発をやめると、感情は持ちこたえられなくなる」
ルパート・スパイラ　講演『存在の中の安息　（*Rest in Your Being*）』より

　人は、反発すれば悪感情を追い払うことができると信じるものですが、そんなことをしても、むしろ何度も繰り返し悪感情に苦しまされることになるだけです。精神科医、カール・ユングは「抵抗すれば、それは持続する」と言いましたが、まさしくそのとおり。逆に反発をやめてしまえば、どのような悪感情も、どんなに強いものであろうとも、すぐに肉体から立ち去っていくものなのです。

　導師から、こんなことを教わりました。誰かの手のひらに自分の手のひらを押し当て、どちらかが相手に向けて押すと、手のひらに反発力を感じます。そして相手が力を込めるのをやめると、すぐにどちらの手も下に落ちてしまいます。できるなら、友人や家族と試してみてください。経験してみれば、はっきりと理解できるからです。ネガティブな感情への反発をやめたときに起きるのは、まさしくこれと同じ——悪感情が、落ちてしまうのです。

　この反発をやめるには、その感情の存在を許さなくてはいけません。変えようとはせず、ただその感情を感じることです。リラックスし、力みを抜いて向き合います。力むのは、反発と同じことだからです。皮肉な話ですが、リラックスして存在を許可して初めて、悪感情は過ぎ去ってくれるのです。変えようとしたり、排除しようとしたり、違うものにしようとしたり、どうにかしてやろうとしたりしては、いけないのです。存在することを許せばゆとりが生じ、悪感情のエネルギーが解放されていきます。私たちが普段取る行動

と、まったく正反対です。だからこそ私たちは、ネガティブな感情をあまりにも多く抑圧し、胸に溜め込んでしまうのです。

「反発とは、実にたちの悪いものだ。私たちが人生で手に入れたいもの、成し遂げたいもの、なりたいものを阻む大きな障害物のひとつなのだ」
ヘイル・ドゥオスキン『人生を変える一番シンプルな方法（*The Sedona Method*）』

ネガティブな感情の存在を許すと、その裏側にあるエネルギーは自然と解放されていきます。ひとりでにそうなるのです。あなたがすべきことは、感情を感じ、存在を許し、「押し込め、変えてやろう、コントロールしよう、排除しよう」という気持ちを持たずにいることです。存在を完璧に許すことができると、ネガティブな感情は瞬く間に消え去るばかりか、抑圧された感情の大きな塊を、一緒に連れ去ってくれます。たとえば、怒りの感情が湧いたときに反発せずに存在を認めると、怒りは素早くあなたを通過しながら、幼いころに溜め込んでしまった元々の怒りの一部を持ち去ってくれるのです。

「感情を恐れてはいけない──湧き起こるに任せ、解放するのだ」
シャクティ・カテリーナ・マギ

感情に気づいてそのまま存在を許すということは、もはや抑圧も押し込めもしないということです。ついに、抑圧された感情を解放するときがきたのです。ただ気づき、許し、反発せずにいるだけで、強烈な怒りの感情すらも、ものの1分のうちに落ちてしまうのです。

「ネガティブな感情を観察せず、むしろ強く自分を重ねてしまうと、その感情はあっという間に人のエネルギーを吸い上げてしまう。今のまま、感情から自分を切り離す方法を身につければ、私たちはエネルギーのコントロールを取り戻し、より深みのある人生を経験できるようになるのだ」
デーヴィッド・ビンガム

これからお教えするネガティブな感情を——人生を通して溜め込んでしまった、抑圧された悪感情のすべてを——手放すためのプラクティスは、私が知るかぎり、もっとも効果的なものです。そして、そうした感情が消え去ってしまうと、もうかつてのようにネガティブな感情の影響を受けなくなり、健康も、経済も、人間関係も、人生そのものも、飛躍的に改善されていくのです。それだけではありません。ネガティブな感情がすべて消え去ってしまうと、あなたはもう何者にも邪魔されることなく、無限の意識となり、歓びと幸せを享受できるようになるのです。手に入れたいものはどんなものであれ、労せずとも人生に訪れてくれるでしょう。本当のあなた、つまり無限の意識でありながら、人間としての経験も味わえるのです。

「手放せるものをすべて手放したあとには、何よりも求めていたものだけが残る」
ルパート・スパイラ『愛情の燃え殻（*The Ashes of Love*）』

ウェルカミング

　素晴らしい師にして元物理学者であるフランシス・ルシールは、ネガティブな感情を解放するメソッドを「歓迎する」という言葉で表現しています。ウェルカミングは、私が今までに実践してきたメソッドの中で、もっとも強力なもののひとつでした。ネガティブな感情を、永遠に根絶してしまうほどの力を持っているのです（さらに注目に値するのは、ネガティブな感情を歓迎することにより、その感情を最初に生み出した状況やできごともまた変容すること。状況に関してあなたが持つ感情を解放することにより、こうしたことが起きるのです）。
　ウェルカミングは、反発の正反対の行為です。反発とはネガティブな感情に対して「駄目だ、こんなものは要らない！」と言うことですが、ウェルカミ

ングは「ようこそ、歓迎するよ」と声をかけること。意識はいつでも、すべてを歓迎するものなのです。どんなに強烈なものであろうとも、意識に歓迎されて抗うことのできるネガティブな感情は存在しません。いえ、感情だけではなく、あらゆるネガティブなものは意識の歓迎に抗うことができないのです。

　欲しくもないものを歓迎するというのは直感に反する行為のようにも見えますが、欲しくもない何かにしがみついているのは、他でもない反発心です。歓迎すれば、それが消えてしまうのです。ネガティブな感情を前にしても反発しない、緊張しないというのは簡単なことではありませんが、心を開いて歓迎すると、奇跡のように反発心が消え去り、ネガティブな感情——実際にはただのエネルギーなのですが——は消え去ってしまうのです。すると、あなたが反発していた状況そのものが変容できるようになるのです。

　心を開くというのは、マインドを通して何か1点だけに集中することがないよう、カメラのレンズをズーム・アウトさせるようなものです。悪感情に集中してしまうと、強めてしまうだけなのです。マインドとは、集中したものをなんでも強めてしまうものなのです。悪感情があるのに気づいても、集中してはいけません。心を広く保ち続けるのです。

　ヘイル・ドゥオスキンは、まず初めに両腕をいっぱいに広げると心を広げやすくなると言います。大切な人を歓迎し、ハグしようとしているかのように、両腕を広げるわけです。すると、心を開きやすくなるのです（人には無自覚のうちに、心臓周辺の領域を収縮させてしまう傾向があります）。私は、何か望まないものが目の前に現れると、それがどんなものであろうと、意識的に心を開くようにしています。

　私の導師が言うには、何かを歓迎するとき私たちは本当の自分に、つまり意識になっているそうです。それは、私たちは本質的にものごとを歓迎す

るからです。本当のあなたである無限の意識は、ネガティブな感情が存在していられないほど、すべてを歓迎するもの。そして歓迎するということはとてもシンプルに、生まれ出た源へと——あなたへと、つまり意識へと——還ることをネガティブな感情に許すということなのです。ネガティブな感情を歓迎することで、あなたはその感情を消し去る無限の力の中へと招き入れることになるのです。

　フランシス・ルシールは、ウェルカミングが自然に行えるようになるに従い、これはただ受け入れるだけの行為ではないのだと気づくようになると言います。反発という行為を止めてしまうものなのだと。最初のうちは、能動的な行為のように思えることでしょう。ですが実践を続けていくうちに、多くの人々が知らず知らず能動的にしてしまっていることを——つまり反発を——してしまわないよう止めてくれるものなのだと理解できてくるのです。

「感情はただのエネルギーに過ぎないので、消滅してしまいます。だから感情が湧き起こるのを感じたならば、ただのエネルギーだと思って歓迎しましょう。あなたに解放する準備ができているときにしか、ネガティブな感情は生じないのです」
私の導師

あなたを傷つけるものは、祝福してくれるもの

　何年か前、私は自分が鬱状態にあるのに気がつきました。当時の私はこの本でお伝えしていることもほどんど知らなかったのですが、幸運なことに、自分がどのようにして鬱状態を引き起こしてしまったのかは理解していま

した。娘が重病を患っていたので、死んでしまうのではないかと恐ろしくて、次から次へと恐ろしいことばかり考えていたのです。そうした恐ろしい考えを信じてしまっていたせいで、ものの数ヶ月のうちに鬱状態の中へと墜落していくことになったのです。

「怒りや悲しみといった感情は、あなたが自分の物語を信じ込んでいるという事実への警告でしかない」
バイロン・ケイティ『マインドとともに安らぐ（A Mind at Home with Itself）』

　鬱状態から自分を抜け出させようと、私はポジティブな思考や感謝の思考を持とうとしましたが、そこで気づいたのは、鬱状態の深みが持つ力の中では、思考などたいした力しか持たないのだということでした。これは、人が絶望状態や鬱状態のどん底にいるときに、思考が現実化してしまうことから私たちを守ってくれる安全機能なのです。そんなわけで、いつもどおりの方法で事態を好転させることに失敗した私は、他の方法を探さなくてはいけなくなったのです。

　そこで私は、ポジティブな思考で鬱状態を克服することができないのならば、鬱状態に反発するのをやめてしまおうと決意しました。「抵抗すれば、それは持続する」と知っていたからです。だから私はまぶたを閉じ、鬱状態が根を下ろしていると考えられる、肉体の内側に焦点を定めました。そして、両腕を広げて歓迎するかのように、そしてその両腕で抱きしめてあげるかのように、鬱の黒雲に対して心を開いたのです。長らく会っていない大切な誰かを迎え入れるのと、ちょうど同じように。心を開いた私は鬱状態を思い切り愛し、自分へと抱き寄せました。すると、ほんの数秒間だけ状態は悪化しましたが、いきなりどんどん軽くなりはじめ、やがてすっかり消滅してしまったのです。ほんの数秒間——たったそれだけで消えてしまったのです。そのときの安堵感は、強烈なものでした。

　数時間すると鬱の感情が舞い戻ってきましたが、前とは比較にならないくらいに弱々しいものでした。私は同じ方法を採り、その後も、鬱状態が再出現するたびに同じことを繰り返していったのです。私がそれを続けるにつれて鬱状態は次第に弱まっていき、数日のうちに、すっかり消え去ってしまいました。

「自分に与えられた問題を受け入れたその瞬間、扉は開かれる」
ルーミー

　二度と鬱状態に苦しむようなことはないと、私は確信しています。完全に私の肉体を立ち去ってしまったのです。

　これは鬱状態だけでなく、あらゆるネガティブな感情に応用できます。あなた自身が実践してみれば、どのようなことが起こるか、もっとよく理解できるでしょう。最高潮に達したネガティブな感情を消滅させるというのは、他のことでは味わえない最高の気分です。鬱々とした感情に反発しても悪化させ、さらに長引かせてしまうばかり。そうする代わりに私は、正反対のことをしたのです。当時は理解こそしていませんでしたが、私は自分なりの方法で、鬱状態というネガティブな感情を本能的に歓迎していたのです。
　それからというもの、私はネガティブな感情が湧き起こるたびに同じ方法で対処しました。さらにはネガティブな思考や、足の痙攣や頭痛といった肉体的な苦痛にも、同じように対処してきました。そして、肉体的な苦痛も反発しなければ、ネガティブな感情と同じくらい早く消え去ってしまうことに気づいたのです。

　悪感情を抱かせるあらゆるものを、ネガティブな思考やエピソードを、ネガティブな感情を、つらくてたまらない感覚や記憶を、そして枠にはまった信念を、同じように歓迎してみてください。ウェルカミングはあなたを感情の重荷から解放し、無限の方法であなたの人生がよい方向に変わる力を与え

てくれるのです。

「自分が抱く憎悪を愛せば、もう憎悪しなくなります。愛はいつも勝利する
のです。憎悪を愛するとは、憎悪を歓迎することです。憎悪の声に従って
行動することでも、憎悪を抑圧することでもありません。憎悪を愛したと
き私たちは憎悪の道を離れ、そこから愛が始まるのです」
フランシス・ルシール『静寂の芳香（*The Perfume of Silence*）』

　たとえば恐怖のような悪感情は非常に不愉快で、恐ろしくすらあるものな
ので、正面から向き合おうとはせず、知らず知らず胸に押し込め、抑圧す
ることを習性にしてしまっている人はたくさんいます。ですが、それはまやか
しなのです。ネガティブな感情が存在することを許し、押し込める代わりに
歓迎してあげれば、最初こそ感情が強まり戸惑ったとしても、やがてすっか
り消してしまうことができるのです。

　存在を許して抑圧もしなければ、悪感情はそれまでのような力を失いま
す。あなたによって弱体化され、解放へと向かいはじめるのです。さらに何
度かウェルカミングを繰り返すうちに、悪感情は体から抜け落ちていきま
す。そして悪感情がひとつ解放されるだけで、あなたの体内にはこのうえな
い幸せが流れ込み、人生にはこのうえない善が流れ込んでくるようになるの
です。

「ひとつの感情を捨て去ったとしても、それがまた舞い戻ってきたり、感情
が湧き起こったりすることも少なくない。これは、私たちの中には捨て去
るべき感情がまだ他にもあるからだ。人は人生を通してそうした感情を溜
め込み、浮き上がってくることも認めてもらうこともできない感情を、山
ほど押し込めてしまっているものなのだ。悪感情を捨て去ると、すぐに心
が軽くなり、飛翔するかのような幸福感が芽生える」
デイヴィッド・R・ホーキンズ医学博士『手放す（*Letting Go*）』

　肉体からネガティブな感情を解放することで感じる安堵は、強烈なものです。そしてネガティブな感情をひとつ解放するたびに、あなたの肉体は軽くなり、日々は生きやすくなり、幸せが大きく広がっていくのを感じるようになります。それを続けると勢いが増していき、解放はどんどん楽になっていくでしょう。やがて、ほとんどの悪感情は一瞬のうちに消え去ってしまうようになります。あなたが感じたその瞬間に、そうした感情が解放されてしまうのです。これが、意識の持つ無限の力なのです。

「解放は呼吸のようなもの——自然なものです。息を吸い込み、吐き出すのと変わらないのです」
私の導師

「不愉快な感情はすべて、ひとつの目的のためにあります——苦痛も、お金も、この世に存在するものはすべて、ひとつの目的のためにあるのです。それは、あなたの自己実現です」
バイロン・ケイティ『人生を変える4つの質問（Loving What Is）』

　あらゆるネガティブな感情は、私たちを本当の自分へと導いていくために存在します。そうした感情は、あなたが真実とは違う物語を信じていることへの警告として現れるもの。その感情を歓迎することで、本当のあなたとして——無限の意識として——生きられるようになるのです。なんとも皮肉な話です。私たちがなんとしても避けようとするものが、私たちを解放してくれるのですから。

「あなたを傷つけるものは、祝福してくれるものだ。暗闇は、あなたのロウソクなのだ」
ルーミー

　どのようなものであれ、ネガティブな感情が湧き起こったならば、そのネガティブな感情から永遠に自由になるためのチャンスとして活かしましょう。私の導師の言葉どおり、あなたに解放する準備ができていないと、ネガティブな感情が生じることはありません。変容させたり、排除したりしようとせず、その感情を歓迎してください。あなたは無限の存在であり、ウェルカミングはまさしくあなたの本質なのです。ネガティブな感情をすべて歓迎すれば、あなたはいずれ永遠に解放されることができるのです。

「平和な環境に身をおいているのに苦しくてたまらないこともあるもの。一方、危険で騒々しい悪感情に取り巻かれているのにまったく平穏なこともあるものです」
ジャン・フレイザー『扉を開く（*Opening the Door*）』

　しかし、たとえば動物虐待のように、あなたが強い意見を持っていたり、断固反対の立場を取っているものから生まれる感情を、どう歓迎すればいいのでしょう?

　まず、その問題に拘(こだわ)るあなたの悪感情というものは、自分に苦痛を与えるだけで、問題解決の役には立たないのだと理解してください。そして、その問題があなたの中に引き起こす感覚や感情を歓迎するのです。非難の感情を歓迎し、不条理だ、非道だという感情を歓迎します。そして、問題について考えてもなんの感覚や感情も起こらなくなるまで、ウェルカミングを続けるのです。

　もしかしたら、問題そのものを忘れてしまわないためにも苦痛を感じ続けていたい、と願う人もいるかもしれません。しかしそれはマインドがあなたに耳打ちするまやかしというもので、真理は正反対なのです。強烈に反発するほど問題にエネルギーを与え、そのエネルギーと力によって、問題そのものをますます大きくしてしまうのです。つまり、問題に関わる悪感情を解放するということは、その問題に集中しているあなたのエネルギーを解放するということ、そして問題を取り巻く状況を弱体化させることなのです。ネガティブな感情がなくなると、本来そこから自然と湧いてくる愛と慈悲心が強烈なパワーを持ち、世界に膨大な変化を起こしていけるようになるのです。

　レスター・レヴェンソンの話をしましょう。レスターは3ヶ月かけてあらゆるネガティブな感情と信念を解放し、覚醒に至りました。それ以前のレスターは、山ほどの健康問題——陰鬱、偏頭痛、胃腸障害、黄疸(おうだん)、肝臓肥大、腎臓結石、脾臓疾患、胃酸過多、胃袋に穴を空けて病変を形成するほどの胃潰瘍、そして冠状動脈性心疾患など——を抱えていました。

　しかし、抑圧されたネガティブな感情の数々をレスターが解放していくに従い、病と苦痛はひとつ、またひとつと消え去っていきました。レスターは、ネガティブな感情を開放する自分の手法を『ザ・セドナ・メソッド』と称しました。そして生徒のひとりであり、この本と『ザ・シークレット』でも取り上げているヘイル・ドゥオスキンの後継により、レスターのメソッドは世

界じゅうに広まり続けているのです。

「私は自ら作り上げた地獄を手放し、解体していった。愛によってすべてを包み、愛されるよりも愛そうと努め、そして自分の身に降り掛かったことの責任をすべて請け負い、潜在意識下の思考を見つけては修正していった。そしてどんどん自由に、どんどん幸せになっていった」
レスター・レヴェンソン

「幼いころのつらい記憶を、ずっと隠れていた大きな後悔を、ひとつ思い出してごらん。そして、その後悔から生まれた、長年あなたを悩ませてきた思考を眺めてごらん。根源となっている苦痛の感情を手放すことができれば、そうした思考はすぐに消え、できごとそのものを忘れてしまう」
デイヴィッド・R・ホーキンズ医学博士『手放す (Letting Go)』

　たとえどんなに古い記憶であろうとも、ひとつの記憶から生まれて抑圧されてきた感情を解放、もしくは歓迎すると、その記憶に根を持つ無数の思考もまた、感情そのものとともに解放されます。こんなにも素晴らしいことがあるでしょうか！　つらい記憶にくっついた感情を解放したときに感じる胸の軽さや幸せ、そして飛翔感は、とても言葉でなど説明できるものではありません。そして言うまでもなく、あなたの人生は完全に変わることになるのです。人生を取り巻く状況がすべてよい方向に変わりはじめたのを感じると——間違いなくこの変化は起きます——そうした感情が自分の人生の足かせとなっていたのだと、身をもって理解することができるのです。

　私は以前、延々とつきまとい続けてきた子供時代のつらい記憶にこれを実践してみたことがあるのですが、今はもう、それがどんなできごとだったのかすら、思い出すことができません。解放したことしか、憶えていないのです。記憶から生まれる苦痛の感情を解放するとともに、つらい記憶はそこに根を持つすべての思考を引き連れて消滅してしまったのです！

　つらい記憶とは、前に進もうとする私たちにのしかかる大きな重荷と同じ。しかし、望みの人生を享受しようとする私たちの前に立ちはだかろうとも、それは私たち自身ではありません。あなたはつらい記憶から自分自身を解放できるのです。

「どのような思考だろうと、その背後の感情を見つめれば消えてしまいます。これは自浄作用なのです。悪感情を歓迎することにより消滅させ、何百というネガティブな思考を消滅させる。この近道を活かすべきです」
私の導師

　たったひとつの悪感情を解放するだけで、何百というネガティブな思考を一緒に解放してしまえるというのは、驚嘆すべきことです。ネガティブな感情を消し去ることで、疑念、自分は無価値だという気持ち、承認欲求、不安感、自信のなさ、といったネガティブな思考を──奇跡と永久の幸せに満ちた人生をあなたから取り上げ続けてきたあらゆる思考を──消し去ってしまえるのです。ネガティブな感情がすべて解放されたあなたの人生は、空を飛ぶも同じです。

スーパー・プラクティス

　導師から教わった、私の人生を変えたとても大切なプラクティスを──そして、私が今もなお毎日しているプラクティスを──お教えしましょう。これは、この本で解説する、もっとも重要で欠かすことのできないふたつの要素、つまりウェルカミング、そして意識として在り続けることを組み合わせた強力なものです。導師は、意識として在り続けるかぎり、肉体は自動的な自浄作用を持ち続けるのだと言います。要するに、あなたが意識として在る間、もしくは意識として安息を得ている間、あらゆるネガティブな感情に囚

われたエネルギーは自動的に解放され、あなたの肉体からひとりでに放たれていくのです！　誰でもときどき胸のあたりから、このエネルギーが解放されるのを感じるものです。

ステップ1：ネガティブなものをすべて歓迎する

　心を開き、ネガティブな反応を、ネガティブな感情を、ネガティブな感覚を、ネガティブな思考や問題を、現れたその瞬間に歓迎します。

ステップ2：意識で在り続ける

　カメラをズーム・アウトするように心を開けば、もう細々（こまごま）としたものに集中してしまうことはなくなります。

　意識とは本質的にあらゆるものを歓迎するもの。このスーパー・プラクティスをしばらく続けると、ふたつのステップがひとつに融合してしまうのに、あなたも気づけるでしょう。歓迎したその瞬間、意識がすぐに顕現するのが分かるのです。

　私はこのプラクティスを始めてからというもの、ネガティブな感情や反応がずっと弱々しくなり、ものすごい早さで消えていっているのに気づきました。むしろ、自分の中に湧いたネガティブな感情や反応を愛するようにすらなったのです。なぜならば、そうした感情や反応は私に歓迎や、意識として在ることを思い出させてくれるだけでなく、消え去るときにとても素晴らしい気持ちにさせてくれるからです。

　ネガティブな状況、事件、問題に出くわしたときにも、私は同じことを実践しました。注意を広く向け、心を開き、その状況に関するネガティブな感情を歓迎し、可能な限り意識として在ろうとしたのです（意識として在り続ける最高の方法とは、意識を愛することだと私は知りました。ただ愛するだけで、あなたは自分の焦点を意識だけに合わせることができるのです）。これを実践すると、ネガティブな状況がすぐに変化していくことに、私は気がつきました。ネガティブな状況に私たちを押しとどめていた反発がなくなるのですから、変わらないはずがないのです！

「意識となれば、あらゆる苦しみは止んでしまいます」
ジャン・フレイザー『恐怖が剥がれ落ちるとき（*When Fear Falls Away*)』

　何年か前、私は多くの人々が強烈に恐れてストレスを感じるようなできごとを経験しました。しかし、歓迎して意識で在り続けることにより、私はもう以前のように、そうしたできごとから影響を受けなくなっていたのです。

　私の住む地域は、山火事のせいで壊滅の危機にさらされていました。私は自宅から避難していましたが、自宅の安否については動じることもなく心穏やかでした。穏やかだったのは、何が起ころうとも大丈夫だと思っていたからです。たとえ家を失うことになっても、避難するのが最善なのだとはっきりと分かっていましたし、何か理由があって人生が私を新たな方向に導いているのだと理解していたからです。山火事は何週間にもわたり手がつけられないほどに猛威を振るい続け、触れるものすべてを燃やし尽くしていきました。やがて、山火事はついに自宅に迫り、私が住む通りに立つ家々を飲み込んでいきました。ですが私は恐怖を感じることも、どんなことになってしまうのかと怯えることもありませんでした。どのようなことになろうとも、自分は幸せなままだと知っていたのです。私はその状況を歓迎し、この山火事の中でも消えることのない安らぎと平穏は、過去に実践してきたウェルカミングから生まれたものなのだと確信していたのです。

「目の前の事実に反発したり、過去や未来に生きたりすることで、どれほど
の苦難が生まれるかを、私は理解しました。かつての私は、自分がどれほ
どの苦痛に苛まれているのか分かっていなかったのです。まるで50年にわ
たって自分のすねを打ち続けたハンマーを、いきなり手から取り落とした
ような気分でした」
ジャン・フレイザー『扉を開く（Opening the Door）』

　どれほど時間をかけようとも、ネガティブな感情からの解放には、それだ
けの価値があります。2004年に秘密を発見してからというもの、確かに私
はほぼすべての日々を安らかに過ごしてきました。しかし今は、この本であ
なたにも伝えている知識やプラクティスのおかげで、私はほとんどの日々を
穏やかな幸福感とともに過ごすことができています。

　1ヶ月や1年はおろか、たった1日であろうとも、ネガティブな感情に翻
弄されることなく暮らす自分を、あなたには想像できるでしょうか？　ネガティ
ブな感情を持たなければ、自分の欲求と矛盾するネガティブな思考を持つ
こともなく、どんなものであろうと求めるものをすべて引き寄せる磁石になれ
るのです！　それを自ら体験したならば、それこそが人生の真の歓びなのだ
とあなたは知ることになるでしょう。

CHAPTER7　まとめ

・ 幸せは、あなたという存在のナチュラルな状態だ。今幸せを感じていないのであれば、あなたの中で幸せを堰き止めているネガティブな感情がそこにあるということだ。

・ ネガティブな感情に、ただ気づくこと。反発したり、言動に出したり、何らかの決めつけをしたりすることなく、「これはただの感情なのだ」と認識すること。

・ 存在を許すと、ネガティブな感情の裏側にあるエネルギーは自然と解放されていく。ひとりでにそうなる。

・ ウェルカミングは、ネガティブな感情を消し去る。これは反発と正反対の行為。「ようこそ、歓迎するよ」とネガティブな感情に声をかけること。

・ 心を開くのならば、両腕を大きく広げると楽になることがある。意図的に心を開くことができるのだ。

・ 悪感情を抱かせるあらゆるものを、ネガティブな思考やエピソードを、ネガティブな感情を、つらくてたまらない感覚や記憶を、そして枠にはまった信念を、同じように歓迎してみる。

・ 存在を許して抑圧もしなければ、悪感情はそれまでのような力を失う。

・ あらゆるネガティブな感情は、本当の自分へと導いていくために存在する。そうした感情は、あなたが真実とは違う物語を信じていることへの警告として現れる。その感情を歓迎することで、本当のあなたとして──無

限の意識として――生きられるようになる。

・ あなたに解放する準備ができていないと、ネガティブな感情が生じることはない。

・ 強く反対するような問題に対する悪感情を解放するということは、つまり、その問題に集中しているあなたのエネルギーを解放するということ、そして問題を取り巻く状況を弱体化させること。

・ ひとつの記憶から生まれて抑圧されてきた感情を歓迎すると、その記憶に根を持つ無数の思考は、感情そのものとともに解放される。

・ つらい記憶にくっついた感情を解放したときに感じる胸の軽さや幸せ、そして飛翔感は、とても言葉でなど説明できるものではない。

・ スーパー・プラクティス
ステップ1：ネガティブなものをすべて歓迎する
ステップ2：意識で在り続ける（意識を愛することもまた、意識で在り続けるための方法）

CHAPTER 8

苦しみの終わり

「結論を言おう。苦しむかどうかは、自分が選ぶものだ」
バイロン・ケイティ『マインドとともに安らぐ（*A Mind at Home with Itself*）』

　あなたは、苦しむために生きているのではありません。そして、真の自己
として――つまり意識として――生きれば、苦しみを感じることはありませ
ん。苦しみのない人生などなかなか想像できないかもしれませんが、間違
いなくそれがあなたの人生になるのです。今すぐに。

「苦痛は肉体的なものだが、苦しみはマインドのものである」
アンソニー・デ・メロ（イエズス会司祭）

「高き自己が苦しむことはありません。しかし普段の私たちは、苦しまない
道などろくに想像もできないのです」
ジャン・フレイザー『存在の自由（*The Freedom of Being*）』

　苦しみとは、ネガティブな思考を信じることから生まれるものです。要する
に苦しみとは、自ら背負い込んでしまうものなのです。

「私は気がつきました。思考を信じると苦しみが生まれるが、信じなければ
苦しみは生まれないのだと。そして、これはすべての人々に共通する真理
なのだと。自由とは、それくらいシンプルなものです」
バイロン・ケイティ『タオを生きる――あるがままを受け入れる81の言葉（*A Thousand Names for Joy*）』

「どんな苦しみを感じようとも、あなたが感じる苦しみは『こんなものは嫌
だ』という思考が内包するものだ。言い換えるならば、私たちはたったひ
とつの、うすっぺらく実体すら持たない思考に、幸せを奪われるに任せて
しまっているわけだ」
ルパート・スパイラ　講演『苦しみはたったひとつの思考が内包する（*Suffering is contained in a Single Thought*）』より

　あらゆる人生の状況に対して、マインドは「ノー、ノー、ノー！」と反応する傾向があり、意識はすべてに「イエス、イエス、イエス！」と反応します。

「意識は、『ノー』に対してすら『イエス！』と応じるのです」
私の導師

「ノー」と応じても、あなたにとって嫌なものは何も変わりません。しかし「イエス」と応じるとあなたの反発が解け、嫌なものに変容する余地を与えることができます。直感に矛盾するように見えても、そういうものなのです。「ノー、こんなのは嫌だ」というのは反発であり、もうお分かりのとおり、どんなものだろうと、反発すれば持続してしまうのです。

「この受容の状態にとどまることができるのなら、あなたがネガティブなものや、苦しみや、不幸を創り出すことは二度となくなる。そして、無反発の状態で——つまり恩寵に満ち、身軽で、苦難から開放された状態で——生きられるようになる」
エックハルト・トール『さとりをひらくと人生はシンプルで楽になる（*The Power of Now*）』

「私は、在りのままを愛します。それは私がスピリチュアルな人間だからではなく、現実に抵抗すると苦しみが生じるからです」
バイロン・ケイティ『そのままを愛する（*Loving What Is*）』

「あなたが今この瞬間にすっかり反発をやめ、二度としないというのであれば、そのたったひとつの行いにより、あなたは苦難という巨大な重荷から己を解放できるのです」
ジャン・フレイザー『存在の自由（*The Freedom of Being*）』

　事実に反発しなければ矛盾は生じず、問題が内包するエネルギーも弱まっていきます。私たちの反発をなくして、何ごとも私たちの人生にとどまって

はいられないのです。一方、事実に反発してしまうと、私たちは問題を自分
の元に押し留め、苦しみ続けなくてはいけなくなるのです。尊敬すべき導
師、セイラー・ボブ・アダムソンは、「あらゆる経験を裁くことなく、ただ去
来するに任せよ」と説いています。

「握りしめ、しがみつき、反発し、押しのける。それだけが精神的な苦しみ
の束縛を創り出す」
ピーター・ロウリー　講演『分かたれぬもの（*No Separation*）』より

「多くの人々は、苦しみとは避けられぬものだと信じたまま墓に入ります。
なんと悲しいことでしょうか。真理が正反対である可能性から目を背けて
しまえば、死ぬまで不要な苦しみを背負っていかなくてはいけなくなるの
です。しかし、いいですか？　解放すれば苦難は終わりますが、それはご
く小さな恩恵でしかないのです。真の奇跡は苦難との永遠の別れではなく、
解放されたそのスペースを満たす豊かさにあるのです」
ジャン・フレイザー『恐怖が剥がれ落ちるとき（*When Fear Falls Away*）』

苦難の終焉は一瞬

　これから書くことは、なかなか理解しにくいことかもしれません。しかし理解できたなら、あなたはすぐに苦しみから抜け出すことができるでしょう。マインドは「自分は今苦しんでいるのだ」という気持ちに人をさせるものです。そして無論、マインドを信じてしまうと、苦しみは強大なものになってしまいます。しかし真理は、あなたは苦しんでいる本人ではなく、苦しみがあることを認識している存在なのです。「苦しんでいる本人だ」というのはあなたが自分自身に対して抱く思い込みであり、本当の自分とは違うのです。

「苦しむ者はどこにも存在しないと気づいたとき、苦難の終焉が訪れる」
ヘイル・ドゥオスキン

　私の導師なら、こう自問するよう言うでしょう。

「私は苦しんでいる本人だろうか？　それとも苦しみがあることを認識しているのだろうか？」

　自分は苦しんでいる本人だというマインドの声を信じることをやめると、すぐに苦難は終わります。

「マインドの本質を理解すれば、苦難はもう存在できなくなります」
バイロン・ケイティ『マインドとともに安らぐ（*A Mind at Home with Itself*）』

「意識が扉を開き、あなたを邪魔し、自然な状態を——つまり幸福を——覆い隠しているあらゆる信念を、意見を、概念を消滅させる」
アンソニー・デ・メロ（イエズス会司祭）

「苦難のメカニズムが崩壊してマインドが静まり返ると、まるで家に帰ってきたような気持ちになるのは当然のことです。家に見つけてもらった、という印象を持つことも少なくはありません。それは、そこへの道筋を意図的に探し求めているわけではない場合もあるからです。いや、もしかしたら意図的に探してはいても、見当違いの場所を探し回っていたのをようやく理解したのかもしれません」
ジャン・フレイザー『最高の甘味料：思考の後の人生（*The Great Sweetening: Life After Thought*）』

　世界にはびこるすべての苦難の根源となっている信念が、ひとつだけあります。それは、私たちはみな独立した個人だ、という信念です。マインドは思考を用いて、「あなたはただの個人だ。世界で起きるあらゆる過ちの前では無力なのだ」と信じ込ませようとします。マインドにそそのかされるままに、自分は孤立しているのだと信じてしまえば、完全にマインドの支配下に入ってしまいます。そしてマインドはひっきりなしに、お前は無力だ、きっと恐ろしいことが身に降りかかるのだ、お前もお前の人生も枠にはまっているのだ、と恐ろしい考えをあなたに与え続けるようになるのです。それを信じてしまうと、悲しいことにそれが私たちの人生になってしまいます。ですが真実は、まさしく正反対なのです。私たちは、孤立してなどいないのです。確かに、個人個人は孤立しており、独立した個人として生きているように見えます。しかし、人生とはとこしえの幸せに満ちた壮大なもの。自分は無限なのだ、永遠なのだ、心であり意識なのだ、そして私たちというワンネスがあるだけなのだ、ということを忘れてはいけないのです。

問題の終わり

　予想もしていなかったことが起こったり、ものごとが おかしくなってしまった

と感じたりすると、私たちは問題を抱えてしまったと思い込みます。するとマインドは問題に対し、すぐに「こんなのは嫌だ!」と反応します。ですが……。

「問題は、人の頭脳の中にしか存在しない」
アンソニー・デ・メロ（イエズス会司祭）『意識　師との対話と人生の再発見（*Awareness: Conversations with the Masters and Rediscovering Life*)』

「問題はどれも、現実のものではありません。空想の産物でしかないのです。問題など存在しません。存在しえないのです。本当のあなたは、問題などとは無縁です。問題とは、創り出されたもの——ひとつ残らず、どれもそうなのです」
私の導師

「あらゆる記憶は記憶に基づいている。今この瞬間、問題など存在しない」
ヘイル・ドゥオスキン

「人の頭脳が存在しなければ、問題も存在しない。すべての問題は、人の頭脳に存在するのだ。すべての問題は、マインドが創り出したものなのだ」
アンソニー・デ・メロ（イエズス会司祭）『意識　師との対話と人生の再発見（*Awareness : Consideration with the Masters and Rediscovering Life*)』

　問題とは、私たちのマインドが思考により創り上げたもうひとつのまやかし。それが真実です。マインドは日々のできごとを解釈し、それを問題へと創り変えることで、そうしたまやかしの人生を創り出すのです。マインドを信じるのをやめて問題の存在しない人生を歩むためには、意識の力を利用し、マインドを知覚することです。

　意識として生きることができるようになるほど、問題とは想像上のものでし

かないのだと、はっきり理解できてきます。無限の意識であるあなたが、ひとつでも問題を抱えることなどありえない話なのです。

「それは炎の中に手を突っ込み『くそ、熱い！ 手が燃えているぞ！ まったく、こいつは問題だ！』と叫ぶようなもの。そうして、やがて自分のしていることを理解してやめる日がくるまで、人は何度も何度も繰り返し炎の中に手を突っ込み続けるのだ。問題を抱えるというのは、問題の中に手を突っ込んで『痛い！』と叫び、あたかも手など突っ込んでなどいないかのような顔をしてみせることだ。自分でそうしているのではないというふりをすることだ。だが、自らそうしているのだ」
レスター・レヴェンソン『幸福はそこにある（*Happiness Is Free*）』ボリューム1−5

「すべての問題は、エゴから生じます。どの問題に対しても正当性を与えさえしなければ、あなたは解放されるのです」
私の導師

　難しいのは、問題を抱えていると信じてしまうと、歴然として問題を抱えている実感を抱いてしまうことです。しかし「これもまた、マインドと思考が仕掛けているネガティブなまやかしなのだ」と自覚できれば、問題のように見えているものはすべて壊れ、消えてしまいます。なぜなら、あなたの信念が、あなたにも世界にもしがみつくのをやめてしまうからです。

「『問題を抱えている』という人は例外なく、頭の中に問題を抱えている。人は自分のマインドの外にあるものは理解も想像もできない。つまり問題は頭脳の中にしか存在できないのだ。何を目にし、何を聞き、何を感じようと、すべてはマインドを通した、マインド内の話でしかない。すべてはそこにしか存在しないのだ」
レスター・レヴェンソン『幸福はそこにある（*Happiness Is Free*）』ボリューム1−5

「とても重要な話をしましょう。どんなときであろうと、どこであろうと、問題など存在しません。愛情の欠如があるだけなのです」
私の導師

　すべてに反発せず、何もかもありのままに受け入れること、それが愛です。愛の存在するところには、問題は存在できません。そしてあなたが純粋な愛であるがゆえに、どんな問題であれ本当のあなたに触れることはできないのです。この愛は、人の頭脳では想像することができないほど純粋なもの。すべてを歓迎し、受け入れ、許し、何に執着することもありません。これは、仏陀（ぶっだ）やイエス・キリスト、老子、クリシュナをはじめ、大勢の偉大な覚者たちが示した愛と同じような愛です。そして純粋な愛であるあなたは、永遠に問題とは無縁なのです。

　しかし枠にはまった個人の視点から見ると、問題は実在するように見えてしまいます。マインドは無限の意識とは正反対に、ものの在りようを受け入れて許そうとはせず反発し、否定するのです。

「人生とは、自然な、そしておのずと起こる変化の連なりだ。反発してはいけない——悲しみを生み出すだけだ。現実を、ありのまま受け入れなさい。たとえどのような流れであろうと、ものごとを自然に流れていくに任せなさい」
老子

「ものごとを無理やり思い通りにしてやろうと感情的な横槍（よこやり）を入れないかぎり、ものごとは自由にうつろい、ひとりでに解決していくものだ」
カリヤニ・ロウリー

　私は『ザ・シークレット』の原則を使い、自分が幸せであればほとんどの問題が人生からなくなってしまうことに気づきました。幸せなところからは

問題が生まれないし、生まれたにせよ、幸せの邪魔をする力などない些細（ささい）なものばかりなのです。幸せであればあらゆる問題は蟻塚（ありづか）程度の小さなものに見えますが、失意のうちにあるときには、どんなに小さい問題であろうと山脈のように巨大に見えるものです。ですから、私たちが本当の自分は何者かを理解して幸せの最頂点から見渡せば、問題などひとつとして存在しなくなるのです。

「世界を取り巻く問題に、終わりなどありはしない。終わりを見つけてやろうとしてどんなに頑張ろうとも、ひとつの問題も解決できないばかりか、どんどん増えていくのを眺めていくことになるのだ。そこに存在すると思うかぎり、問題は存在し続ける。本当の自分を発見し、ようやく問題の終わりが見つけ出せるのだ」
レスター・レヴェンソン『幸福はそこにある（*Happiness Is Free*）』ボリューム1−5

問題と永遠に決別する

「あなたはすべてから自由になれます。変えてやろう、解決しよう、解明しようとして問題ばかりと向き合いたいと思いますか？　それとも問題から解放されたいですか？」
私の導師

　私にとって大きな問題を導師に打ち明けると、彼女は次のように答えてくれました。これほどまでに明確な答えが、他にあるでしょうか？

「問題にばかり集中するのをやめることです。もっと軽くなってほしい、消え去ってほしい、変えてしまいたい、解明したい、制御したい、そういう気持ちを持つのはやめなさい。あなたが意識であろうと決めれば、そんな

ものは自然と消え去ってしまうものなのですから。愛でないものは何もかも、愛の前では崩れ去ってしまうのです。現実でないものはすべて、意識の前では崩れ去ってしまうのです」
私の導師

『ザ・シークレット』でも説明されているとおり、私たちは何かに集中することでそれにエネルギーを流し込みます。つまり、問題に注意を向けてしまうと、その問題にエネルギーを流し、さらに巨大なものにしてしまうのです。正そう、解決しよう、制御しよう、根絶しよう、そうしたことは、問題に注意を向けることでしかないのです！　問題から注意をそらすと、エネルギーを抜き取られた問題は消えてしまいます。崩れ去るしかないのです。酸素がなくては炎が消えてしまうようなものなのです。

「さて、問題を取り除こうとするのは、しがみつくのと同じことだ。取り除こうとすればマインドの中に問題を押し留め、結果として生きながらえさせてしまう。だから問題を正すなら、手を離してしまうしかない。問題から目をそらしなさい。望むものだけに目を向けなさい」
レスター・レヴェンソン『意志の力（*Will Power*）』オーディオ版

　そして、あらゆる問題に注意を向けるのをやめると、あなたはマインドを利用して──マインドと思考を欲しいものに集中させ──欲しいものを創り出すことができるようになります。

「エネルギーはあなたが意識を集中させる方向に流れて行くでしょう」
マイケル・ベルナルド・ベックウィズ『ザ・シークレット』

　真理は正反対であっても、私たちは望みもしないものに意識を集中させ、変わってくれないだろうかと期待します。しかし、問題を消し去るためには、それをやめなくてはいけません。以前、問題は招かれざる客のようなもの

だ、と人が言うのを聞いたことがあります。注意を向けさえしなければ、その客はすぐに帰ってしまうのです！

　マインドから生じるネガティブな思考とまやかしを知覚し、それを消し去るために、意識の力を使ってください。そうすれば、あらゆる問題や苦しみから自由になれるのですから。これもまた、あなたが本当のあなた、つまり意識で在ることによって享受できる、歓びと祝福なのです。

「この奇跡は、ゆるやかにひもとかれていくもの。辛抱強く待つことです。あなたはこれまでずっと、自分は人生のなすがままだと思い込み、正反対のことをしてきました。すべてが利那のうちに解消されるとは、思わないことです」
ジャン・フレイザー『存在の自由（*The Freedom of Being*）』

CHAPTER8　まとめ

・ あなたは、苦しむために生きているのではない。そして、トゥルー・セルフとして――つまり意識として――生きれば、苦しみを感じることはない。

・ 苦しみとは、ネガティブな思考を信じることから生まれるもの。要するに苦しみとは、自ら背負い込んでしまうものなのだ。

・ 事実に反発してしまうと、私たちは問題を自分の元に押し留め、苦しみ続けなくてはいけなくなる。

・ 「私は苦しんでいる本人だろうか?　それとも苦しみがあることを認識しているのだろうか?」と自問してみる。あなたは苦しんでいる本人ではなく、苦しみがあることを認識している存在。それが真理なのだ。

・ 世界にはびこるすべての苦難の根となっている信念が、ひとつだけある。それは、私たちはみな独立した一個人だ、という信念だ。

・ 問題は、頭脳の中にしか存在しない。問題は実在しない。問題というものは、空想の産物でしかない。

・ マインドを信じることなく問題の存在しない人生を歩むためには、意識の力を利用し、マインドを知覚することだ。

・ 問題に注意を向けてしまうと、問題にエネルギーを流し、さらに巨大なものにしてしまう。問題から注意をそらすと、エネルギーを抜き取られた問題は消えてしまう。

- あらゆる問題に注意を向けるのをやめると、あなたはマインドを利用して──マインドと思考を欲しいものに集中させ──欲しいものを創り出すことができるようになる。

- マインドから生じるネガティブな思考とまやかしを知覚し、それを消し去るために、意識の力を使う。そうすれば、あらゆる問題や苦しみから自由になることができる。

CHAPTER 9

あなたを枠にはめる
信念を消し去る

「信念とはすべて、想像上の限界のことです」
私の導師

　信念とは、いったいなんでしょうか？　それは、私たちが何度も繰り返し繰り返し考え、ついに信じるようになった思考のことです。信念とはマインドから生じるものですから、どれも例外なく枠にはまっています。例をあげてみましょう。たとえば、「うまい話などない」と信じているとします。最初は誰かがそう言っていたのを耳にし、やがて自分もその考えを持つようになり、しばらくすると真実だと思うようになり、やがてあちらこちらでその証拠を発見していきます。そして私たちが信じたその瞬間、それは真実となって潜在意識に貯蔵され、無意識下の自動プログラムとして機能するようになり、世界のいたるところに「これは真理なのだ」という証拠を探し続けるしかなくなるのです。

「信じないかぎり、思考は無害なものです」
バイロン・ケイティ

「エゴが何を言おうと問題ではない。問題は、人がどれほどそれを信じるかなのだ」
ムージ

　信念は、自分に根を持つ思考を次々と生み出し、その思考がまるで録音されたもののように何度も繰り返し再生され続けます。たとえば「うまい話などない」という信念のせいで、潜在意識は次のような思考を再生し続けるのです。「幸せを感じると、何か悪いことが起きる気がする」「精一杯楽しんでおこう、こんなこと長くは続かないのだから」「いいことのあとには、必ず悪いことが起こる」「私にいいことなどそうそう起こるはずがないから、嫌な予感がする」「こんなにうまくいくはずがないと何かで感じたら、その気持ちを信じるべきだ」おそらく、こうした思考に覚えがあるのではないでしょうか？

それは、この手の思考はマインドから生じた録音データでしかなく、あなた固有のものではないという証明なのです。

　導師が以前、電話に出たら次のような録音メッセージが聞こえてきたと想像してみなさいと、私に言いました。「これは録音されたメッセージです。安全にお預かりしますので、ありったけのお金をこちらの銀行口座に振り込んでください」。あなたなら、どうしますか？　メッセージを信じますか？　もちろん信じる人などいないでしょう。ではなぜ、マインドの録音メッセージを信じるのでしょう？

信念は経験の原因になる

「思考と信念を投影すると、体験となって人に返ってくる」
デーヴィッド・ビンガム

　どのようなものであれ、人は信じるものしか体験できません。だから、あ

なたが何を信じるかは重要な問題なのです。信念には原子力のような力があり、たえまなく自らをあなたの人生に投影し、それを現実化し続けます。たとえ偽りのものであろうと、関係ありません。潜在意識に信念を植えつけると、いずれ必ず結実するのです。

　たとえば、「もっとお金を手に入れるには、今より一生懸命、長時間働くしかない」という信念を持っていたとしたら、とつぜんあちこちから思いがけない収入が転がり込んでくるようなことは、まず起こりません。それはあなたの信念が、他のところからお金がもたらされるのを妨げてしまうからです。人はそのように、信念を通して自分自身を枠にはめてしまうのです。人、状況、できごとなどについてなんらかの信念を持っていれば、必ずそれを体験することになります。ですが、あなたの信念というエネルギーの後ろ盾がなくては、思考はなんの力も持てないのです。

「不幸の原因はひとつしかない。それは、あなたの頭にある誤った信念だ。あまりに多くの人々が信じているため、疑念を抱こうともしない、その信念だ」
アンソニー・デ・メロ（イエズス会司祭）『愛への道（*The Way to Love*）』

「不幸は、人生の真理についての誤った信念からしか生じない」
ピーター・ジュバン『シンプルな気づき（*Simply Notice*）』

　そしてまた私たちは、たとえそれが真のストレスや苦しみの元凶となり、私たちを悲劇の囚人にしようとも、そうしたストレスに強烈に執着してしまうのです。信念は人を貧しくし、病ませ、恐怖で満たし、人間関係を損ねたり破壊したりします。しがみつくような理由など、何ひとつありはしないのです。

　現在あなたの人生に起きているできごとは、たとえどのようなものであれ、あなたの潜在意識の中で信念により生成されたものです。

「抱く信念を変えることで、私たちはこれからの経験をも改めることができる」
デーヴィッド・ビンガム

「自分や世界に対して考えたり信じたりしていることの多くは、私たちには
それが信念であることに気づくことすらできないほど、深く染み付いてしま
う。そして私たちはなんの疑問も抱くことなく、それを真理と思い込む」
ルパート・スパイラ『ものごとの透明性（*The Transparency of Things*）』

　故デイヴィッド・R・ホーキンズ医学博士は、次のように書いています。

「ときに、世に広く浸透している信念を見直すことは有益だ。そして、次の
ようなものをさっさと捨て去ってしまうのだ。
　1．一生懸命働き、苦しみ、何かを犠牲にし、努力をしないと、何も得
　　　られはしない。
　2．苦しみとは私たちに利益をもたらす大切なものだ。
　3．何もしなければ、何も得られない。
　4．ひどくシンプルなものに、大した価値などない」
デイヴィッド・R・ホーキンズ医学博士『手放す（*Letting Go*）』

　偉大な賢者たちは、すべてに疑問を抱けと言います。疑問を抱くことによ
って、私たちについての真理や、世界の裏側にある真理を覆い隠してい
る、枠にはまった信念を取り払うことができるのだと。

「あなたが信じるものはすべて偽りです。自由とは、そのように理解するこ
となのです」
バイロン・ケイティ

　私たちは幼い子供のころから潜在意識の中に信念を溜め込んでおり、大
人たちが話していることもなんとなく理解できました。信念というものは、何

かで読んだものであろうとテレビで見聞きしたものであろうと、何らかの思考を真理として受け入れたときに形作られたり、人に言われた考えを受け入れたりしたときに形成されるものです。いずれにしろ信念というものはすべて、両親、家族、友人、教師、社会といった、他者から訪れるものなのです。誰かに言われた言葉を信じたその瞬間、それが潜在意識の中で信念になり、日々再生され続けることになるのです！

たとえば「体重を落としたり、落としたままキープしたりするのは難しい」と信じる人は、その信念のせいで何をしようと体重が減らなくなってしまいます。時間が経つにつれ、私たちが次々と加える「こんなにも体重が落ちないのは代謝のせいだ」「どんなダイエットを試しても、体重を落とすことができなかった」「体重を落とすにはとてつもない時間がかかるのに、元に戻るのは一瞬だ」「肥満は家系の問題だ」といった思考のせいで、信念はさらに凝り固まっていくのです。

「潜在意識が人を操る──私たちを習慣というものの犠牲者にしてしまう」
レスター・レヴェンソン『幸福はそこにある（*Happiness Is Free*）』ボリューム1-5

ですが信念とは薄っぺらい思考で作られたものに過ぎないので、その存在に気づきさえすればとても簡単に消し去ってしまうことができるのです。確かに潜在意識の中に溜め込んだままにしておくと、止めどなく再生され続けます。しかしそこにあるのだとにちゃんと気づくことができれば、その瞬間に信念はばらばらになってしまうのです。ネガティブな感情をすべて解放するときと同様、潜在意識下の信念に気づくことにより、あなたは永遠に意識のままでいられるようになるのです。実際には、信念とネガティブな感情、どちらかを消してしまえばもう片方もおのずと消えるのです。私は両側面からアプローチし、信念とネガティブな感情のどちらかが現れるたびに、それを解放することにしています。

　枠にはまった信念をさらけ出してしまえば、あなたは急速に、とこしえの幸せと完全な自由へと導かれていきます。信念の枠から自由になったあなたが送る日々の暮らしは、あらゆる領域においてめざましく進歩します。自分には無理だ、自分にはできない、手に入れられない、そう思うものが何かあるとするなら、それは、あなたを枠にはめている信念です。自分を囚える枠がなくなったら人生はどんなだろうかと、想像してみてください。

信念を消し去る

　私たちは意識で信念を消し去ります。気づき続けることで、消し去るのです。ある信念が嘘だと気づくと、その瞬間に信念はほとんど崩壊して消滅してしまいます。そのまま信念をはっきりと意識に捉え、「これはただの信念で真理ではないのだ」と自分に確認し続ければ、残りも完全に消えてしまうのです。これが、意識の持つ無限の力なのです。

　しかし、信念を発見するには、少し難しさがつきものです。それは、ついつい「これは自分が信じているだけでなく、真理そのものなのだ」と信じてしまっているからです。しかし、それは信念なのだと気づいた瞬間に消滅は始まり、続けて意識し続けることにより信念の残滓も完全に消し去ることができるのです。

　信念があとかたもなく消えてしまうわけですから、あなたはいずれ、自分が何を信じていたかも思い出せなくなります。信念と記憶はどちらも思考から成り立ち、潜在意識の中に留まっています。だからひとつの信念が消えると、その信念にくっついている思考も——記憶を作り上げている思考も含め——すべて消え去ってしまうのです。

「信じているものを、すべて放棄してください。遅かれ早かれ、そうせざる
を得なくなるのですから。死の先にまで信念を持っていくことができない
のであれば、今捨て去っても構わないでしょう？　瞬間瞬間、信念を捨て
ていくのです。あらゆる信念に執着するのをやめ、生の歓びを味わうのです。
『幸せになるには頑張らなくてはいけない』だとか、『幸せになるには苦し
むことが必要なのだ』といった信念に対する執着は、とても根深いものな
のです」
フランシス・ルシール『静寂の芳香（*The Perfume of Silence*）』

　信念を意識し、消し去り続けることにより、あなたの人生は想像すらでき
なかったほど自由になり、豊かになり、軽やかになり、そして歓びに満ち溢
れます。信念をひとつひとつ追い払い、自分を解放するのです。意識は、
いかなる信念も持ちはしません。なぜなら意識はすべてを理解しているから
です。

「実際、信念とは大したものではありません。手放すことなど容易なのです。
張り子の虎と変わりません！　今すぐに手放してしまい、いつまでも幸せ
に暮らすべきなのです」
フランシス・ルシール『静寂の芳香（*The Perfume of Silence*）』

　より信念を意識することができるよう、潜在意識に指示を出して信念を浮
き彫りにすることができます。このような言葉を使い、指示を出すのです。
「私がひとつ残らず信念を意識できるよう、ひとつずつ信念をはっきりと見せ
てください」。そして絶えず意識をしていれば、信念が現れたときすぐに気づ
けるようになるのです。

　「私は信じる」や「私は信じない」といった心の声が聞こえたならば、しっ
かりと注意してください。なぜなら、そうした言葉は信念とともに現れるもの
だからです。「私は思う」や「私は思わない」といった心の声が聞こえたな

らば、しっかりと注意してください。なぜなら、そうした言葉もまた、信念とともに現れることが非常に多いからです。

　信念とは自分が信じ込んでいるマインドのまやかしに過ぎないのだと理解すると、信念は消え去ってしまうばかりか、そこに根を下ろした数え切れないほどの思考を一緒に連れ去ってくれます。すべて、潜在意識の中に埋もれていた思考です。信念は思考で創られているだけでなく、自らを支える思考を絶えることなく引き寄せ続けます。そして、消し去らずにいる限り、そうした思考を限りなく溜め込み続けてしまうのです。

　信念は何年も、何十年も、下手をすれば一生、そこに根を下ろした無数の思考とともに残り続けます。だから私たちの多くは、ずっしりと重荷を負わされたような気持ちでいるのです。人生を重たく感じさせているものも、老いぼれてしまったような気分にさせているものも、信念なのだということに気づけずにいるのです。そして、本来は得られるべき人生を遠のけているのは自分の信念なのだと気づくことができずにいるのです。たとえば、想像してみてください。自分は他の人たちから孤立した個人なのだという信念に、あなたはどれほど多くの思考を自ら付け加えてしまっていたでしょうか。その大きな信念が消え去ると、どれほど安堵し、身軽になり、世界が広々として見えることでしょうか。自ら体験すれば、あなたもその実感を理解できるのです！

「自らを木と思い、死んだ葉は落としなさい」
ルーミー

反応：それは信念の偽装

「反応とは、無意識の信念だ」
ピーター・ジュバン『シンプルな気づき（*Simply Notice*）』オーディオ版より

　信念をさらけ出すもうひとつの方法、それは自らの反応を感じ取ることです。反応とは、私たちの中に埋もれた信念が原因となって起きるものです。要するに反応とは、信念が偽装したものなのです。たとえば、予想よりもずっと大きな金額が書かれた電気料金の請求書が届いたとしましょう。私たちはネガティブに反応します。その反応の原因となった信念は、自分にはお金がないという確信です。しかしあらゆる信念と同じく、それが真理であるのは私たちが信じているからでしかないのです。

　自分が反応を起こしていると気づいたときにすべきことはただひとつ、それはその反応を意識することです。意識はあらゆるネガティブなものや不調和を消し去る力を持つもの。だから反応を意識すれば、無力化することができるのです。

「反応するのは、自分を何かに合わせるためです。反応するのは、何かを自分のものにするためです。そんなことはせず、ただ反応を感じてください」
私の導師

　反応しているのはあなたではなくマインドなのだ、ということを忘れてはいけません。マインドは個人という観点から生まれるものですから、自分を何かに合わせたり、何かを自分のものにしたりしようとするのです。自分の反応を感じ取ることができるようになり——反応が起きた瞬間に気づくことにより——その反応を無力化するだけでなく、裏側にある信念を暴き出すことができます。そしてひとたび暴き出されると、信念は消滅するのです。

「捨て去ってしまいたい習性や傾向、癖があるのなら、すでに自然と意識しているのだと気づきなさい。これを本当に理解し、客観的に観察することができたなら、あなたは即座に習性の手から逃れ、これ以上それらに囚われることがなくなるだろう。これはとても重要なことだ」
ムージ

　意識は、真実ではないものをすべて消し去ります。信念がひとつひとつ消えていくたびに、肉体の中に変化が起きるのが分かります。軽くなっていくのです。メンタルヘルスにも変化が起き、幸福度が増していくのが分かるでしょう。そして人生も変わりはじめます。まったく努力を要さない、素晴らしいものになるのです。必要なものも、手に入れたいと願うものも、ただあなたの手に落ちてくるのです。

　レスター・レヴェンソンについて、また別の話をひとつ紹介しましょう。すでに書いたとおり、レスターはいくつもの病に侵された肉体を癒やすと同時に、3ヶ月で覚醒に至りました。それまでのレスターはまだ40歳だというのに深刻な心疾患を抱え、医師から余命宣告を受けました。もはや手のほどこしようはなく、いつ死が訪れてもおかしくないと言われたのです。帰宅したレスターは数日間、死の恐怖に震えて過ごしました。ですがふと、どうせ死んでしまうのならばせめて人生を振り返り、なぜ自分がこうも幸せから見放されてきたのかを突き止めてやろうと考えたのです。そして振り返りながらレスターは3ヶ月のうちに、信念を、そして抑圧されたネガティブな感情をひとつ残らず肉体から取り除いてしまったのです。あらゆるネガティブなものが肉体からなくなると、心臓の状態はひとりでに回復し、レスターは健康とよどみない歓びに恵まれながら、さらに40年を生きたのです。しかしそれよりも重要なのは、信念の抑圧された感情を消し去ることにより、レスターが本当の自分を発見したことです。

　そしてあなたは今、いかにして彼が発見したかを理解しているのです。

CHAPTER9　まとめ

- 信念とは、私たちが何度も繰り返し繰り返し考え、ついに信じるようになった思考のこと。信念とはマインドから生じるものだから、どれも例外なく枠にはまっている。

- 信念は潜在意識に貯蔵され、無意識下の自動プログラムとして機能する。

- 信念はたえまなく自らをあなたの人生に投影し、現実化していく。

- 現在あなたの人生に起きているできごとは、たとえどのようなものであれ、あなたの信念により生成されたもの。

- 「私は信じる」や「私は信じない」といった心の声が聞こえたならば、しっかりと注意すること。なぜなら、そうした言葉は信念とともに現れるからだ。

- 「私は思う」や「私は思わない」といった心の声が聞こえたならば、しっかりと注意すること。なぜなら、そうした言葉もまた、信念とともに現れることが非常に多いからだ。

- すべてに疑問を持つこと。問いかけることを通して、真理を覆い隠している、枠にはまった信念を見つけ出すことができる。

- 潜在意識に溜め込まれた信念は、録音されたもののように何度も繰り返し再生され続ける。しかし自分がどんな信念を持っているかを真に理解すると、その信念は消え去ってしまう。

- 信念を意識し、消し去り続けることにより、人生は自由になり、豊かになり、

軽やかになり、歓びに満ち溢れていく。

・　より信念を意識することができるよう、潜在意識に指示を出して信念を浮き彫りにすることができる。「私がひとつ残らず信念を意識できるよう、ひとつずつ信念をはっきりと見せてください」のように指示を出す。

・　信念は消え去ってしまうとき、そこに根を下ろした、数え切れないほどの思考を一緒に連れ去っていく。これらの思考もまた、潜在意識の中に埋もれていたもの。

・　人生を重く感じさせているものは信念なのだ、老いぼれてしまったような気分にさせているものは信念なのだということに、私たちは気づけずにいる。

・　信念を暴き出すには、自分の反応を意識することだ。反応とは、偽装した信念のこと。

・　自分が反応を起こしていると気づいたときにすべきことはただひとつ、それはその反応を意識すること。反応を意識すれば、無力化することができる。

CHAPTER 10

永遠の幸せ

「私は、永遠に幸せな今を生きている。ただの幸せではない。ただの幸せとは、しばらくすると退屈になり、変化をもたらしてくれるのならば多少の苦難でも歓迎したくなるもの。そうしたものとは違う。私に訪れた歓びは、その1億倍も素晴らしい歓び——絶え間なく移ろい続ける、常に新しい歓びなのだ。意識の中では、世界に存在するすべての幸せが通っていくのを感じられるのだ」
パラマハンサ・ヨガナンダ

　あなたは幸せそのものです。それがあなたの本質なのです！　幸せとは、あなたが欲しいものを手に入れたときや、気分がいいときや、困難を乗り越えたときや、何か目標を達成したときに訪れるものではありません。幸せは——終わることのない幸せの源泉は——もうあなたの中にあるのです。

「真の幸福店を開店するには、まず自己を知らなくてはならない」
ラマナ・マハルシ『あるがままに——ラマナ・マハルシの教え（Be as You Are）』

「世俗的な暮らしから不変の平穏や幸せが得られると思ってはいけない。生きる姿勢を改めるのだ。どのような経験であろうと、己を映画のように客観的に見つめ、楽しみなさい。真の平穏と幸せは、あなた自身の中に見いださなくてはいけない」
パラマハンサ・ヨガナンダ『人間の永遠の探求（Man's Eternal Quest）』

「幸せは私たちが本来あるべき状態だ。小さな子供は幸せを生まれ持ち、やがて社会と文化に毒され、汚染されるまで王国の主であり続ける。幸せを求めるのに、何か特別なことをする必要はない。獲得できるようなものではないからだ。なぜだか分かるだろうか？　それはもう私たちが幸せを手にしているからだ。すでに持っているのだから、手に入れようがない。それではなぜ、幸せを感じられないのだろう？　あなたは幻想を捨て去らなくてはいけない。幸せになるために、何か新たなものは必要ない。何かを

捨て去ればいいのだ。人生は楽しく、歓びに満ちている。つらいのは、幻想の中でだけなのだ」
アンソニー・デ・メロ（イエズス会司祭）『意識　師との対話と人生の再発見（*Awareness: Conversations with the Masters and Rediscovering Life*）』

　私は今、ネガティブな感情を歓迎して意識として在り続けることから生じる、決して離れていくことのない幸せとともに暮らしています。ですが何度か、それまでは感じたことのないような真の祝福に満ちた幸せの波に飲まれたことがあります。突然そうなったのです。私が言いたいのは、なんの理由もなくその幸せが訪れたということです。その訪れとともに、ネガティブなものがすべて消え去ってしまったのです。人生のつらい記憶は、まるでそんなできごとなど存在しなかったかのように、一瞬のうちに消えてしまいました。この至福の幸せこそが私たちの本質である幸せなのだと、私はすぐに気づきました。欲しいものを手に入れたときに感じるような幸せとは、比較になりません。私が体験したことがあるどんな感情をも、遥かに超越するほどの幸せだったのです。

　これをお話しすることで、あなたもそれを味わえる可能性に心を開くことができるよう祈っています。持って生まれた幸せを一度感じてしまえば、そこから先はその幸せを感じながら生きていきたいとしか思えなくなるでしょう。

「一瞬たりとも消えることのない永遠の歓びを、私は自分の中に見つけました。その歓びはいつでも、誰の中にでもあるのです」
バイロン・ケイティ『タオを生きる──あるがままを受け入れる81の言葉（*A Thousand Names for Joy*）』

　この幸せは、人を愛する感覚と似ています。伴侶を愛したり、母親が赤ちゃんを愛したりするような感情です。我を忘れて愛してしまうあの至福の感情を、あなたもご存じでしょうか？　いつまでも続いてほしいと感じるのです。人を愛するとそのような至福の感情を覚える理由は、私たちが相手のために

我を忘れてしまうからです。エゴに満ちたマインドを捨てたとき、意識は一瞬のうちに全面に出てくるのです。輝くほどの歓びと、至福の幸せとともに。

「誰もが必死に、まったく同じものを求めている。世の人々はそれを、究極の幸せと呼ぶ。私たちは、本当の自分と呼ぶ。自分自身を発見すれば、最大の幸せを発見することができ、最大の充足感を得られる」
レスター・レヴェンソン

「とてもシンプルに言えば、幸せとは本当の自分で在ることだ。人はほとんどの時間を枠にはまった偽りの自分として生きているが、その自分とは違う、今も昔も変わることのない無限の自己（セルフ）でいることだ。これは過去、現在、未来、あなたの日々に何が現れようとも、努力を要することなく常に在り続けるセルフだ。あなたは輝きを放ちながらも決して変わることなく、万物の存在を許す背景なのだ」
ヘイル・ドゥオスキン『幸福はそこにある（Happiness Is Free）』ボリューム1−5

「真理や幸せを見つけるのならば、自分の内に入らなくてはいけない——ワンネスを、ありのままの宇宙を、これは自分の意識なのだ、自分以外の何ものでもないのだと、理解しなくてはいけない。さて、説明の難しいところだ。これは、体験しなくてはいけないたぐいのものなのだ。体験して、初めて理解できるものなのだ。誰かから聞きかじった話で、できるようなことではないのだ。本や師には、道筋を示すことしかできない。その道を進むかどうかは私たち次第だ。ここが、この探求の素晴らしいところだ。何も信じてはいけない。すべては自ら経験し、ひとりひとりがこれこそ真理であると納得してから受け入れなくてはいけないのだ」
レスター・レヴェンソン『幸福はそこにある（Happiness Is Free）』ボリューム1−5

意識は幸せと同じ

　あなたは幸せを感じているのではありません——あなたが幸せそのものなのです。本当のあなた、つまり意識は、幸せなのです。あなたの本質である幸せの他に、幸せなどどこにもありません。あなたが日々感じる幸せは、意識の幸せなのです！　幸せを感じるとき、あなたは本当のあなたがどれほど素晴らしいものか、それを垣間見ているのです。

「その幸せの瞬間は恩寵（おんちょう）から訪れたのだということを、理解してください。そして、その瞬間は、幸せは自分以外のものの中には決して見つからないと教えてくれているのです。その瞬間自分が幸せなのだと、理解しなくてはいけません。外的な要因はほとんど無関係なのだと。そうしたものは夢の一部でしかなく、幸せは現実のものなのだと」
フランシス・ルシール『静寂の芳香（*The Perfume of Silence*）』

　幸せになれば、人生は思い通りに進んでいきます。自分が幸せでいることほど、人生にとっていいことはないのです。幸せであれば、あなたがなんの努力もしなくても問題はひとりでに解決し、ものごとはあるべきところに楽々収まってしまいます。幸せであれば、全宇宙があなたのために協力し、あなたが必要なものを必要な瞬間に与えてくれます。幸せであればあるほど、人生は楽になっていきます。不幸であればあるほど、何をするにも努力が必要になってしまうのです。

「エゴに突き動かされるほど、ものごとを成し遂げるのは困難になり、調和を失い、不幸は増大する」
レスター・レヴェンソン『幸福はそこにある（*Happiness Is Free*）』ボリューム1-5

外界に幸せは存在しない

「幸せのあるところに幸せを求める人は、より幸せになる。幸せなど存在しない外界にやみくもに幸せを求める人は、よりいらだちを募らせる」
レスター・レヴェンソン『幸福はそこにある（*Happiness Is Free*）』ボリューム1−5

　外界に幸せを求めれば、幸せは遠のいてしまいます。どれだけたくさん物を手に入れようと、どれだけ経験を積もうと、物質的なものや経験は結局、手に入っても去っていくものなのです。すると私たちは、また次のものや経験を通して幸せを求めてしまいます。外界で見つかると信じ込んでしまっている永遠の幸せは、そんなところには存在しないのです。

「自分の内面を見つめない限り、幸せはそこにしかないと気づくことはできない。幸せを感じることのできる唯一の場所、それは自分の中なのだ。そこが、幸せの在（あ）り処（か）なのだ。幸せを外界に――自分以外の人や物に――求めるたびに、私たちは喜びではなく、さらなる苦痛を味わうことになるのだ」
レスター・レヴェンソン『**幸福はそこにある**（*Happiness Is Free*）』ボリューム1−5

「幸せになるのに、時期を待つ必要はない」
ルパート・スパイラ

　過去に生きた人も現在生きている人も、たったひとつの同じ目的を抱いています――幸せになりたいという欲求です。何かをするのも、しないのも、必死に求めるのも、作ろうとするのも、計画を立てるのも、命をかけて追い求めるのも、欲しいと願うのも、夢に思い描くのも、何かが手に入れば――もしくは手放せば――幸せになれると思うからなのです。幸せの探求、それはすべての人々が持つたったひとつの動機要因です。そのために私たちひとりひとりが、1日におよそ3万5000もの決断を下していると言われているのです！　だというのにどんなに計画しても、考えても、行動しても、汗をかき涙を流し、決断を下しても、外界で幸せを見つけようとすると、まったく近づくことすらできません。探し求める幸せは、ずっと私たちとともにあるのです。

「さて、出口は何だろう？　幸せを外界に求めず、幸せの在り処に目を向けることだ。私たちの中に。私たち自身の意識の中に」
レスター・レヴェンソン『**幸福はそこにある**（*Happiness Is Free*）』ボリューム1−5

こうなったら幸せになれる……

　幸せは外界から訪れるものだと信じてしまうと、私たちは「条件が整うのを待とう」と、簡単に幸せを先延ばしにするようになってしまいます。こんなことを考えた経験がないでしょうか？「これがあれば幸せになれる……」と、未来のできごとを思い描くのです。「試験が終わって卒業したら、幸せになれる」「新しい車を買ったら幸せになれる」「恋人ができたら幸せになれる」「結婚したら幸せになれる」「もっとお金があれば幸せになれる」「成功者になれば幸せになれる」「休暇を手に入れれば幸せになれる」「痩せれば幸せになれる」「赤ちゃんができたら幸せになれる」「仕事がうまくいけば幸せになれる」「健康になり元気になれば幸せになれる」というような感じです。

　外界にあるものが幸せをもたらしてくれると信じてしまうことで、私たちは自ら幸せを先延ばしにしています。何かや誰かが自分を幸せにしてくれるのを待っていても、外界を頼りに永遠の幸せを手にするのは不可能です。どれだけ待ち続けようと、そんなことは絶対に起こりはしません。

　おそらく、それなりに長く生き、十分にうまくいき、素晴らしい人生経験をたくさん積んできた人は、幸せは外界になど見つからないともう気づいているのではないでしょうか。特に、大きな夢を叶えた人であれば、この真理を分かっているのではないかと思います。私たちは、いちばん大きな夢が叶えば──大成功を収めたり、富を手に入れたり、完璧な恋人と出会ったり、子供ができたりしたら──ようやく本当に幸せになるのだと思い込んでしまいます。

　ですが、大きな夢が叶うと、そうすれば手に入るはずだと思っていた永遠の幸せは、外界のさまざまなものと同じくらいに儚く終わってしまうのだと気

づくことになるのです。ほろ苦い経験を通し、幸せは外界から訪れてくれる
ものではないことを知るのです。人によっては「永遠の幸せなど決して訪れ
ることのない夢物語だったのだ」と、ひどくがっかりするでしょう。

　ですが永遠の幸せは、夢物語などではありません。それはあなたの存在
そのものであり、あなたの本質そのものなのですから。手を尽くして無駄な探
求を続け、ようやく「自分が探し求めてきた幸せは、まさしく今、自分自身の
中にあるのだ!」という発見に至るのは、とても重要なことなのです。その真
実が分かれば、もう永遠の幸せはすぐそこです。なぜならあなたはもう二度
と、他人や外界の中に自分の幸せを探そうなどとは思わなくなるからです。

「その理解が、まっすぐな道を示してくれる。虹を追いかけるのをやめ、も
う見えている幸せの在り処へと──あなたの中へと──向かうといい」
　レスター・レヴェンソン『幸福はそこにある (Happiness Is Free)』ボリューム1−5

　想像してみてください。何千年にもわたり、何十億という人々が、日々命
をかけて幸せを探し求めてきました。きっとどこかに見つかるはずと、外界を
くまなく探し回ったのです。しかし、幸せが見つかる場所は、ずっとたったひ
とつなのです──私たちの本質、意識の中にしかないのです。まるで、壮
大な宇宙のジョークです。だからこそ仏陀は 16 年にわたって外界を探し回
った末に、真理は自分の中にあるのだと気づき、菩提樹の下で大笑いした
のでしょう。考えてみれば、自分の中に幸せを見出そうとした人が多くない
のは、歴史が示すとおりです。

　ですが私たちひとりひとりの前には──しばしばほろ苦い経験を通して
──幸せは外界から訪れるものではないと教えてくれる道標が、現れるもの
なのです。人生に幸せが訪れ、そして去っていくのは、外界から自らの中
に目を向けなさいという道標なのです。

　さあ、もう私たちには幸せの在り処が見えています。伴侶や子供に永遠の幸せを求めるのをやめてしまえるのです。仕事、新しい住まい、服、休暇、車に永遠の幸せを求めるのを、やめられるのです。どれも常にうつろうわけですから、あなたを永遠に幸せになどしてはくれません。そして言うまでもないことですが、あなたの人格も常にうつろい続けるものです。今日好きなものを、明日は嫌いになっているものなのです。あなたの幸せは、本当の、不変のあなたの中に、つまり意識の中にあります。あなたに与えることなど、誰にもできはしないのです。

　もちろんこの外界でも、こうなりたい、こうしたい、これが欲しいというものを享受することは、誰にでもできます。ですが、永遠に続く本物の幸せは自分自身の中にしか見つからないのだと存分に理解して初めて享受できるのです。

「幸せを手に入れることはできない。あなたの本質そのものが幸せなのだ。至福とは、与えられるものではない。不幸を取り除いたところに見つかるものなのだ」
ラマナ・マハルシ

　あなたがどう感じるかは思考が決めています。ですから不幸を感じるのは、あなたが何か、望みもしないものについて考えているからなのです。マインドは過去か未来にしか働かないわけですから、あなたは過去に不幸を感じた何かについて考えているか、それとも不幸を感じるであろう未来のできごとについて考えているのです。

「思考は、幸せになる能力を抑え込む」
レスター・レヴェンソン『幸福はそこにある（*Happiness Is Free*）』ボリューム1−5

　あなたと永遠の幸せ、そして本当のあなたの間に立ちはだかるのは、たったひとつの思考だけ。悲しみの思考、恐怖の思考、怒りの思考、いらだちの思考、いろいろありますが、どれも言っていることは同じ。起きたできごとに対し、「こんなのは嫌だ」と言っているのです。そうした思考を信じてしまえば不幸が毛布のようにあなたを包み、本当のあなたである幸せを、覆い隠してしまうのです。

「はじめに思考が訪れ、次に感情が起こり、続けて情動(たとえば落涙のようなもの) が生じる。常にその順序であるにもかかわらず、人はまず情動が生じたように感じ、その情動を作った感情の元となる繊細な思考があることに気づきはしない」
セイラー・ボブ・アダムソン

「不幸を体験している唯一の理由、それはあなたが不幸と自分を同一視していることです」
私の導師

「人生はシンプルなもの。すべてはあなたに反してではなく、あなたのために起こるのです。すべては起こるべきまさにその瞬間に起こり、早すぎることも、遅すぎることもありません。それを気に入る必要はありません

……気に入ったほうが楽なだけなのです」
バイロン・ケイティ『タオを生きる──あるがままを受け入れる 81 の言葉（*A Thousand Names for Joy*)』

　マインドとネガティブな思考を信じてしまうと人生にどのような破滅が起こるのか、もうあなたも理解しはじめているのではないでしょうか。私は幾度となく、自分が向き合っているものを困難に思ったり、それに苦心させられたりしている人を助ける機会を得てきましたが、彼らの苦しみはいつも変わることなく、マインドが発するネガティブな思考を信じることから生まれていました。私自身も、人生の困難を体験してきましたが、それはいつでもマインドとネガティブな思考を信じてしまったがゆえに生まれたものばかりです。ですから、もし何かが起きて痛みや苦しみを感じたならば、その苦痛の感情を「今自分は偽りでしかないネガティブ思考を信じてしまっているのだ」と教えてくれる、モーニング・コールにしてください。マインドを信じるのをやめてしまうと、ほぼすべてのものごとに対して反発し、あなたが生まれ持った幸せを覆い隠してしまう性質を持つものなのだと理解できるようになっていくのです。

「今それを考えるのをやめて、何か問題があるのかね？」
セイラー・ボブ・アダムソン『宝石を散りばめて（*A Sprinkling of Jewels*)』

「あなたが追い求めている平穏は、すでに目の前にある。思考に注意が向いているせいで、隠れているように見えるだけなのだ」
カリヤニ・ロウリー

　心がおしゃべりや、絶え間ない解説や、論争、そして自責で満ち溢れていても、マインドこそ世界の覇者だとでも言わんばかりに信じ込んでしまっている人があまりにも多いのは、本当に驚きです。マインドを止めよう、静かにさせよう、黙らせようとする必要はありません。ただ信じることをやめれば

いいのです。信じるのをやめてしまうとマインドは自然に静まり、祝福の大波のように幸せが押し寄せてくるのです。

幸せに反発する

　信じがたいことに思えるでしょうが、幸せになることに反発する人は多いものです。その反発心は抑圧された信念から生まれるものなので、人は自らそうしていることに気づかないのです。そうした信念は私たちがまだ子供だったころそこに押し込められたもの。そして私たちは、持って生まれた自由な情熱と歓びは抑圧しなさいと教えられてきたのです。「年齢にふさわしく振る舞いなさい」「大人になりなさい」「黙っていなさい」「おとなしく、静かにしていなさい」。そんな言葉を耳にしたことが、あなたもあるのではないでしょうか？　そうだとすれば、「人に賛同してもらうにはおとなしく、静かにしていなくてはいけない」と信じていても、おかしくはありません。興奮と歓喜に任せて駆け回っていたら、静かにしろと叱られると思ってしまうからです。そんなことを続けた結果、私たちは生まれ持った歓びを弱め、胸に押し込めることに慣れてしまいます。しかし、自分が幸せに反発していたのだと理解するだけのことで、私たちはその信念を打ち壊し、その信念が内包していた力のほとんどを引き出すことができるのです。

「私たちは本来幸せです。だから幸せを味わっていないのなら、自分が幸せに反発しているのです」
私の導師

「自分を不幸にしようと自ら頑張りさえしなければ——私たちは幸せなはずなのだ」
アンソニー・デ・メロ（イエズス会司祭）『人生の再発見（*Rediscovering Life*）』

　幸せになるために、何か特別なことをする必要はありません。自分を不幸にしていることを、やめればいいのです！

「幸せになるのは難しくありません。不幸になることが難しいのです。幸せになるのは難しいと言うのは、つまり幸せには努力や絶え間ない警戒、困難が付きものだと思っていること。しかし努力や苦難がなくては幸せになれないと信じれば、不幸を永続させてしまうだけなのです」
フランシス・ルシール『静寂の芳香（*The Perfume of Silence*）』

「あなたの存在という無限の幸せが潜んでいるのを、感じませんか？」
私の導師

　想像してみてください。私たちが本来幸せなのだとしたら、不幸でいるためにどれほど甚大なエネルギーが必要になるでしょう？

　反発は世界中で、多くの人々から幸せを奪っている大きな要因のひとつになっています。ものごとをありのまま受け入れることができず、現在や過去のできごとに対して「こんなのは嫌だ……」というたったひとつの思考を何度も何度も繰り返し、反発してしまう。そうして胸にできた空白を、「こんなのは嫌だ」の果てしないリストで満たしてしまうのです。

「外界のものは、何ひとつ私たちを妨げられません。私たちが苦しむのは、ありのままのものごとを変えたいと願ったときだけなのです」
バイロン・ケイティ『人生を変える４つの質問（*Loving What Is*）』

「幸せとは、常にものごとのありのままを受け入れるというだけのことなのだ」
ルパート・スパイラ

　人生や世界のできごとへの反発をやめると、至福の幸せはあなたのものになります。覚醒とは、至福の幸せの別の呼び名のこと。あなたはすでに、覚醒しているのです。あなたはすでに、至福の幸せなのです。これは、限られたごく一部の人々だけが体験できるものではありません——彼らはあなたであり、万人なのです！

執着心

「注意深く観察すれば、不幸を生み出す原因はひとつ、たったひとつなのだと理解できるだろう。それは、執着心だ」
アントニー・デ・メロ『愛への道（*The Way to Love*）』

　これがなければ不幸になってしまうと信じ、何かを失うことを恐れてしまったときに、執着心は生まれます。執着心はよく愛と混同されがちですが、このふたつはまったく別のものです。愛は、いかなる恐怖も内包してはいません。愛はすべてに自由を許し、訪れるものも立ち去るものも阻みはしません。執着は愛の仮面をかぶってはいますが、何かを失うことを恐れて依存したがるのです。

「信じ込んでいるのは愛ではなく、執着心だ。執着心とは、幸せになるには誰かや何かが必要だという誤った信念から生じる依存状態のことだ」
アンソニー・デ・メロ（イエズス会司祭）『愛への道（*The Way to Love*）』

　同じ会社で働く、ふたりの人物を想像してみてください。ふたりとも、自分は仕事を愛しており、毎日出勤するのが幸せだと言います。ところがある日出勤したふたりは、その日に人員削減が行われることを知りました。この報せを聞いて、Aさんはすぐ恐怖でいっぱいになりました。「クビになったら

どうしよう？　次の就職が決まらなかったらどうしよう？　生活費も住宅ローン
も払えなくなってしまう。ホームレスになってしまうぞ」。どれもこれも、仕事
への執着心から生まれる思考です。どの思考にも恐怖が浮かんでいるのが
分かるはずです。

　一方、Bさんのほうは違う視点から見ていました。たとえ何が起ころうとも
自分は幸せだと理解していたからです。人生では何ごともすべてが絶え間な
くうつろい続け、たとえどのように見えていようとも、いいことしか起こらない
と理解していたからです。何か不測の事態が起きたときには、何かもっとプラ
スのできごとが起こるのだと、経験から理解していたからです。たとえ何ら
かの理由で職を失ったとしても、さらにいいことが起こるのだと彼は理解して
いたのです。執着心がないというのは、こういうことです。

　あなたは、どちらのほうが幸せだと思いますか？　どちらのほうがよりよい
人生を送っていると思いますか？

「執着心を落とさないかぎり、幸せというものはまるで理解できない」
アンソニー・デ・メロ（イエズス会司祭）『人生の再発見（*Rediscovering Life*）』

「私の人生もあなたの人生と同じで、できごとの連続だ。ただ、ものごとに
固執して一緒に動き回るあなたと違い、私はあらゆるものから離れ、もの
ごとが通り過ぎていくさまをただ眺めているのだ」
ニサルガダッタ・マハラジ『アイ・アム・ザット　私は在る──ニサルガダッタ・マハラジとの対話』

　執着する対象が人である場合、執着心は愛情が足りないという信念から
生まれます。この人は自分にとって愛と幸せの鍵であり、この人がいないと
愛も幸せも手に入らないのだと信じてしまうのです。この信念は執着心を正
当化し、あなたを極度の危機に陥れてしまいます。なぜならすべては絶え
間なくうつろい続けており、永遠にとどまる人などひとりもいないからです。

「人は互いに求め合い、それを愛だと考える。だが人が人を愛するとき、そこには執着も束縛もありはしない」
レスター・レヴェンソン

　執着心は、とても根深いものです。私たちが自分と勘違いしてしまうような人格を執着心が作り上げることもあり、そうなると人は、もし執着心を失えば自分という人間が消えてしまうのではないかと感じてしまうのです。だから私たちは、幸せを奪われ悲劇に囚われるだけだというのに、執着心にしがみついてしまうのです。

　何かに限りがあると思うと、人は自分の持ち物に執着してしまいます。自分の肉体、マインド、自分に対するイメージ、恋人や伴侶、子供、両親、家族、友人、ペット、キャリア、業績、名声、スキル、趣味、宗教、成功、車や家といった物質的なもの。また、意見、信念、観点といったものへの執着心もそうです。政治や宗教、そしてさまざまな話題について自分が抱く信念を必死に擁護する人を、あなたも見たことがあるでしょう。これは、自分自身が持つ意見に対する強烈な執着心があるからです。

「私たちは思考との婚姻関係に囚われ、離婚するなど思い浮かべすらしない。だが離婚しないかぎり私たちは肉体に執着し、人生をおしなべて惨めなものにしてしまうのだ」
レスター・レヴェンソン『幸福はそこにある（*Happiness Is Free*）』ボリューム1-5

　長い年月をかけ、マインドは無数の固定観念に深く執着していきます。なんと皮肉な話なのでしょう。そうした固定観念こそ私たちの視界を奪って枠にはまった人間にし、人生を重苦しいものに変え、生まれ持った幸せを押し殺しているのですから。

　信念に執着するあまり、それを手放すよりも死を選ぶ人までいるのは、歴

史が証明しています。たとえ悲劇に見舞われようと、そうして信念に執着しないと前進できない人々もいるものなのです。

「人は幸せになりたいとは思っていない。幸せになるには信念と固定観念を手放さなくてはいけないのに、彼らはそれにしがみついている。そして、変えるなんて無理だと言う。欲望も満たされていないのに、幸せになどなれるわけがないと」
アンソニー・デ・メロ　(イエズス会司祭)

　意見や固定観念をひとつひとつ捨て去って空っぽにしてしまえれば、あなたは覚醒することができます。なぜなら裁くのをやめると、すべてがありのままに存在するのが許せるようになるからです。きっと、自分という存在を満たしている歓びと幸せに――そして言うまでもなく、あなたの人生があらゆる面で自然と素晴らしいものに変わっていくことに――あなたは目を瞠ることでしょう。

　『ザ・シークレット』の10周年記念版でも書いたことですが、あなたが持つ意見が少ないほど、出した結論が少ないほど、そして固定観念が少ないほど、より大きな至福と歓びがあなたのものになります。

　実際に執着しているのはあなた自身ではなく、あなたのマインドです！　マインドは執着することで力を蓄え、私たちを「自分は枠にはまった、孤立した個人だ」という信念の内に閉じ込めてしまいます。本当の自分、つまり果てしない至福の幸せになど、させてはくれません。執着心とはマインドから生じるものなので、マインドが執着している何かが脅かされると、あなたも強烈な恐怖を感じてしまうのです。

　マインドが抱く最大の執着心、それはエゴと、独立した個人に対して抱く執着心です。「本当の私たちはひとつの意識なのだ」という真実がいくら素

晴らしいものであろうとも、マインドは「自分は独立した個人なのだ」という
考えにしがみつき続けるのです。

　執着心を捨てきれない人生の結末はたったひとつ、心痛と苦悩しかあり
ません。なぜなら私たちの肉体を含め、物質界には永久不変のものなど何
ひとつ存在しないからです。それを理解しないと、マインドはあなたの幸せ
と執着心を引き換えにしてしまうのです。

　アンソニー・デ・メロは仏陀の『四諦』を次のように解釈し、執着心を
見事に解説しています。

「世界は悲哀に溢れている。
悲しみの根は欲望への執着。
悲哀なき人生を歩みたいならば、
執着心を落とすしかない」
アンソニー・デ・メロ（イエズス会司祭）『人生の再発見（*Reiscovering Life*）』

　人はどんなものでも求め、手に入れることができます。執着してしまわな
いかぎり、問題など起こりはしないのです。

意識 vs 執着心

　執着心を消したいからといって、苦闘する必要はありません。自分の感じかたを変えようとして、全労力をそこに注ぎ込むことなどないのです。執着心は、マインドと自分を同一視することで生まれるものですから、執着心を捨てたいのであれば、することはひとつ。あなたが意識で在り続ければ、執着心はひとつ、またひとつと落ちていくのです。執着心に支配されない人生がどれほど素晴らしいものか、私にはとても説明できません。人に対して抱く愛情は遥かに深くなり、何かが終わりを迎えたり、変わってしまったりしても、耐え難い悲しみを覚えることもなくなるのです。

「これぞ私の秘密だ。何が起ころうと、私は気にしないのだ」
J・クリシュナムルティ　1977 年にオーハイで行った第 2 回一般講演より

　このクリシュナムルティの言葉は、執着しないとはどういうことかを示してくれています。この言葉こそ、本当の無執着なのです。おそらくあなたは、自分にはそんなふうに感じるなど不可能だと思うかもしれませんが、それはマインドがあなたにそう言っているだけのこと。忘れないでください、無執着はあなたの真の本質なのです。無執着はあなた、つまり意識なのです。

　何年も前、私と家族はオーストラリアの片田舎に美しい家を持っていました。私の子供たちがふたりオーストラリアに住んでおり、その家をとても気に入っていました。そこでの暮らしはまるで魔法のようでしたが、悲しいことに金利が 18 パーセント以上にまで上昇してしまい、仕事を増やして労働時間を長くしても、ついに夫と私にはローンを払えなくなってしまいました。私たちは 3 年間、なんとか家を手放すまいとしてものすごい犠牲を払って苦労したのですが、それでも結局は失ってしまったのです。あの家を出た日、私は自分たちが味わった苦難を思い返し、もう二度と家には執着すまいと心に

誓いました。十分な苦労を味わうと、人は変わるのです。

　それからというもの、私は自分が住んだどの家も愛しましたが——中には、どの家よりも愛し、楽しんだ家もありました——どれにも執着することはありませんでした。どの家に住んでいるときにも、いつか失うのではないかと恐れることなく、楽しみ、精一杯大切にしたのです。そしてやがてその家を去る日を迎えても悲しみなど感じることなく、ただ胸に感謝を抱いて後にすることができたのです。

「肉体を含め、形あるすべてのものへの執着をなくしたとき、幸せは訪れます」
フランシス・ルシール

　私たちはこの物質界に住み、形あるものはどれも必ずいずれなくなってしまいます。もし何かに執着してしまえば、それが消えてしまったときに必ず苦しみが訪れるのです。しかし、今自分の人生にあるものを深く愛せば——そこにあることに心から感謝し、存分に大切にすれば——それが消えてしまったとしても、同じ強さの苦痛を味わうことはないのです。

　子供のころも大人になってからも、私は母ととても仲良くしていました。私にとって彼女は母親以上で、親友とも呼べる存在でした。かつては、母が死んでしまうのを恐ろしく思っていました。母のいない日々など想像もつきませんでしたし、母がいなくなってしまったら人生にはなんの価値もなくなってしまうように思えてならなかったのです。秘密を発見した私は人生のあらゆるものへの、特に家族と母への感謝と礼賛で満たされました。母と過ごしたすべての瞬間に感謝しました。私が生きてきた中で母がしてくれたすべてのことが、小さいものであれ大きなものであれ、どれほど大切な意味を持っていたのかを、いつでも母に伝え続けました。私がどれほど愛しているかを伝え続けました。そして母が亡くなってしまっても、かつての私ほどには苦しまなかったのです。私が感じていたのは悲しみではなく、宇宙よりも大きく広

がっていく母への愛でした。そして今日に至るまで、その愛はまったく変わらないのです。

　あなたは愛です。そして愛は、執着心とは正反対のものです。愛はあらゆるものを去来するに任せ、自由にさせるものだからです。愛とはたとえどんなことがあろうとも、すべてを受け入れ、許すものなのです。

「あなたは、すでに愛なのです。愛は何も求めたりしません。すでに完全なのです。愛は欲さず、何も必要とせず、どんな義務も負いません」
バイロン・ケイティ『探すのをやめたとき愛は見つかる──人生を美しく変える四つの質問』

　執着心が落ちるに従い、あなたの愛はとても力強く、とても大きくなっていき、やがて宇宙にも支えられないのではないかと感じるほどになるでしょう。あなたが執着していたものがひとつ残らず、全知全能にして不偏の愛と入れ替わるのです。この愛を「神」と呼ぶ人もいます。

　イエス、仏陀、クリシュナをはじめ、完全な覚者の前では、どのような人の中からもネガティブなものが瞬時に消滅してしまいます。強く、純粋で、無条件の愛とは、そういうものです。どんな不調和もネガティブなものも、たちどころに消してしまうものなのです。愛ではないものをすべて、溶かし去るものなのです。この全能の愛こそ、あなたの真の本質。これがあなたなのです。

幸せから始める

「幸せになるのに条件は必要ない。悲しくなるには条件が必要だ」
スリ・プーニャ（パパジ）

「意識はずっとそこにあるのだと理解すると、肉体とマインドの中で変容が
起こります。肉体とマインドがどこからともなく湧き出す歓喜に打たれ、
幸せを得るには努力しなくてはいけないという信念から解き放たれるので
す。幸せは、努力を続け、苦難を続け、やっと手が届くものではありませ
ん。苦しみの先にあるはずなど、ないではありませんか？　苦しむことで
幸せになれるはずなど、ないではありませんか？　私たちは、幸せから始
めなくてはいけません。ですが、幸せになろうとしてどんどん苦難を背負っ
てしまうことは、よくあるものなのです」
フランシス・ルシール『静寂の芳香（*The Perfume of Silence*）』

　身の回りでどのようなことが起きていようとも、あなたは今この瞬間に幸せ
になることができます。幸せは、探したり待ったりしなくてはいけないもので
はありません。まさに今、あなたとともにあるのです。

「私たちは今、自由と幸せを手にすることができる。必死に働いた報いとし
てそれを得たり、何らかの道筋を経てそれを得る準備が整ったりする、遥
か遠い未来の日の訪れを待つ必要はない。今、私たちはもう歓びと楽しみ
を手にできるのだ」
ヘイル・ドゥオスキン『セドナ・メソッド（*The Sedona Method*）』

「あなたは究極の歓びだ。歓びを探すというのは、私がレスターを探すよう
なものだ。私がレスターなのだ。外に出て、彼を探す必要などありはしない。
私が歓びであるならば、外に出て探し回る必要はない。あなたの中にある
のだから、わざわざ外を探さなくていいのだ」
レスター・レヴェンソン『幸福はそこにある（*Happiness Is Free*）』ボリューム1−5

「あなたが愛を求めたいと思うのならば、それは湖が水を求めるようなもの
なのだと知りなさい」
ヘイル・ドゥオスキン

「平穏、幸せ、そして愛とは、どのような状況であろうとも、そして人生の
いかなる局面においても常に私たちの中にある、誰でも自在に使えるもの
だ。この発見は、人がなしえるもっとも重要な発見だ」
ルパート・スパイラ『平穏と幸せの技法（The Art of Peace and Happiness）』

　幸せがあなたの本質である以上、幸せを勝ち取るのは不可能です。あな
たにできるのは、ただ幸せになることだけなのです。あなたが幸せであるな
ら、今のあなたは本当の自分、つまり意識なのです。意識になったあなた
は全人生と調和し、あなたの人生は「奇跡的」という言葉では言い表せな
いほどのものへと変わるのです。

「そのときに、人は存分に生きられるようになるのです。受胎時でもなく、
出生時でもなく、成熟期でもありません。そして洗礼や結婚式、バル・ミ
ツワー（ユダヤ教徒の成人式）、卒業式など、人が好んで行うような儀式に
おいてでもありません。その瞬間は、自我の感覚が崩れ去ったときに訪れ
るのです。風が吹き、私たちが自分自身だと信じていた実体のないものを
吹き飛ばしてしまったときに訪れるのです。その訪れがあって初めて私た
ちは、本当に生きられるようになるのです。これは少し、死にも似ていま
す（長い間あなたであった個人はもう存在しなくなるのです）だというのに
……だというのに……あなたはまだそこにいて、命は続いているのです。
死後にも、人生があるのです。あなたは、地上の楽園の言葉の意味が理解
できるようになるのです。」
ジャン・フレイザー『扉を開く（Opening the Door）』

　幸せになることを、自分に許してください。自分の本当の姿である幸せに
なることを、自分に許してください。幸せは今、ここにあります。意識の力こ
そ、あなたの幸せをおびやかすすべてに打ち勝つ力なのです。心を開いて
意識で在り続ければ、あなたは幸せになれるのです！

　今幸せを感じられていないのならば、幸せとは違う感情をすべて歓迎し、変えようとも排除しようともせず、そこに留まらせてあげてください。どんな感情が訪れようともそれを歓迎すれば、その感情が本当のあなたの中へ、幸せの中へ、溶けて消えていくのが感じられるでしょう。

　両腕を広げて不幸な感情を迎え入れるたびに、あなたはいつまでも続く不変の幸せへと、調和に満ちた奇跡の人生へと、みるみる近づいていくのです。不幸な感情を歓迎するほど、本当のあなたの幸せが日に日に大きくなっていくのが分かるでしょう。そしていずれ、すべての悪感情の下には、永遠の幸せと愛が満ちているのだと理解できるでしょう。

CHAPTER10　まとめ

- あなたは幸せそのものなのだ。幸せは——終わることのない幸せの源泉は——もうあなたの中にあるのだ。

- あなたの本質である幸せの他に、幸せなどどこにもありはしない。あなたが日々感じる幸せは、意識の幸せなのだ。

- 自分が幸せでいることほど、人生にとっていいことはない。幸せであればあるほど、人生は楽になっていく。

- 外界に幸せを求めれば、幸せは遠のいてしまう。

- この外界でも、こうなりたい、こうしたい、これが欲しいというものを享受することは、誰にでもできる。だが、永遠に続く本物の幸せは自分自身の中にしか見つからないのだと存分に理解してこそ、享受できる。

- あなたがどう感じるかは思考が決めている。不幸を感じるのは、あなたが何か、望みもしないものについて考えているからだ。

- あなたと永遠の幸せ、そして本当のあなたの間に立ちはだかるのは、たったひとつの思考だけ。それは、「こんなのは嫌だ」という思考だ。

- もし何かが起きて痛みや苦しみを感じたならば、その苦痛の感情を「今あなたは偽りでしかないネガティブな思考を信じてしまっているのだ」と教えてくれる、モーニング・コールにする。

- 無意識のうちに幸せに反発してしまう人は多い。

- 自分が幸せに反発していたのだと理解するだけで、私たちが幸せに反発してしまう原因となっている抑圧された信念が内包する力のほとんどを引き出すことができる。

- 幸せになるために、何か特別なことをする必要はない。自分を不幸にしていることを、やめればいいのだ。

- 不幸の原因は、たったひとつだけ——それは執着心だ。

- これがなければ不幸になってしまうと信じ、何かを失うことを恐れてしまったときに、執着心は生まれる。

- 執着心は、私たちが自分と勘違いしてしまうような人格を作り上げることもあり、そうなると人は、もし執着心を失えば自分という人間が消えてしまうのではないかと感じてしまう。だから私たちは、幸せを奪われ悲劇に囚われるだけだというのに、執着心にしがみついてしまう。

- 実際に執着しているもの、それはあなた自身ではなく、あなたのマインドだ。本当のあなたは、どんなものにも執着しない。

- 執着心から解放されたいなら、ただ意識として在り続ければいい。そうすれば、すべての執着心は、ひとつひとつ落ちていく。

- 身の回りでどのようなことが起きていようとも、あなたは今この瞬間に幸せになることができる。幸せは、探したり待ったりしなくてはいけないものではない。

- 幸せを勝ち取るのは不可能。あなたにできるのは、ただ幸せになることだけだ。あなたが幸せであるなら、今のあなたは本当の自分だ。

- 今幸せを感じられていないのならば、幸せとは違う感情をすべて歓迎し、変えようとも排除しようともせず、そこに留まらせてあげること。

- 不幸な感情を歓迎するほど、本当のあなたの幸せが日に日に大きくなっていくのが分かる。

CHAPTER 11

世界：すべてはうまくいく

「すべてはうまくいく。すべてはうまくいく。あらゆる種のものが、すべて
うまくいく」
ノリッチのジュリアン

「よく聞きなさい。あらゆる神秘主義者は——カトリックも、キリスト教徒
も、非キリスト教徒も、どのような神学理論や宗教の持ち主も——みな意
見を一致させていることがある。それは、すべてはうまくいく、というこ
とだ。何もかもがひどく混乱していても、すべてはうまくいく。確かに、
ひどい矛盾のように思える。しかし悲劇的なことに、ほとんどの人々は眠
りこけているものだから、すべてはうまくいくということがまったく分か
らないのだ。彼らは悪夢を見ているのだ」
アンソニー・デ・メロ（イエズス会司祭）『意識　師との対話と人生の再発見（*Awareness:
Conversations with the Masters and Rediscovering Life*）』

　世界を見渡せば、暴力、戦争、飢餓、破壊行為だらけだというのに、ど
うしてすべてうまくいくなどといえるのだろう？　あなたはそう思うかもしれませ
ん。人々は互いに争い、攻撃し合い、言い合いをし、互いを批判し、脅し
合い、この惑星じゅうに苦しみを生み出しています。
　しかし、激動の歴史があろうとも、なぜすべては大丈夫なのかと賢者に
訊ねれば、彼らはこう答えるでしょう。「それは世界が幻想だからだ」と。

　彼らが言いたいのは要するに、世界は見かけどおりではないということで
す。私たちが信じる世界の姿は——私たちとは別に存在する固くしっかりと
した世界は——幻想なのです。

「この宇宙がただの幻想なのだということには、一片の疑いもない」
ラマナ・マハルシ『ラマナ・マハルシの言葉（*The Collected Works of Ramana Maharshi*）』

　私たちは科学のおかげで、物体などはどれもほとんどが空間なのだと知っています。私たちが見ている色は、実際にはまさしくその色の欠如なのだと知っています。私たちが聞いている音は単なる振動で、脳が神経信号を通して音と認識しているに過ぎないのを知っています。そして私たちは、全宇宙のたった 0.005 パーセントだけが電磁スペクトルを構成し、そのうえ人間にはそのほんの一部しか知覚することができないのも知っています。だというのに、世界は本当に見た目のとおりなのでしょうか?

「さて、私がエンパイア・ステート・ビルを見ている。あなたも同じビルを見ており、おそらく私にもあなたにもまったく同じに見えている。だが、100 個の目を持つ昆虫からはどのように見えるだろう?　赤外線しか感じられない蛇には、どう見えるだろう?　超音波の反射でしか周囲を感知できないコウモリには、どう見えるだろう?　そう、エンパイア・ステート・ビルは——その外見は——人間が見るからそう見えるのであり、ワニにはそう見えないのだ。人間の感覚器官と、それが感知するごく狭い帯域の経験のみが現実であるとみなすわけにはいかないのだ。それだけではない。人の目に入るのが光子のみだとするならば、エンパイア・ステート・ビルがあのような姿に見える理由も説明できはしない」
ディーパック・チョプラ™医学博士　mindbodygreen ポッドキャストより

　現実だと思い込んできたものを調べてみると、私たちが考えていたような真実ではないということが分かります。

「科学は、物理世界は現実である、物質は実在する、という前提から始まる。さあ、それの何が問題かというと、もしあなたが科学者だとしたら、物質は何でできているというだろう?　まあ、分子でできていると答えるだろう。では、分子は何でできているだろうか?　原子だ。原子は何でできているだろう?　粒子だ。粒子は何でできているだろう?　そうして問題は、ごく小さな粒子に至るのだ。粒子は、何でできているのだろうか?　粒子

として測定されない場合は、数学的空間における確率の波ということになる」
ディーパック・チョプラ™医学博士　mindbodygreen ポッドキャストより

　確率の波は、まったく物質などではなく、ただの虚無です。測定され、マインドに観察され、ようやく粒子として現れるのです。

「ひとつの部屋から別の部屋へと移動すると——そして動物的感覚が食器洗浄機の音や、チクタクという時計の音や、ローストされるチキンの匂いを感知できなくなると——キッチンや、一見ばらばらに見える細々としたあれこれが虚無の中に、もしくは確率の波の中に、溶け去ってしまう」
ロバート・ランザ医学博士

　14 世紀まで遡ると、薔薇十字団は物質界のことを「心理的幻影」と解説していました。そして現代の量子物理学が、その古代の叡智が真理であることを裏付けているのです。

　何年も前に初めて量子物理学を調べてみたときに読んだ論文によると、私が今座っているこの部屋は、私が出ていってしまうと存在しなくなるのだといいます。部屋も何もかも、見られていないときには確率の波の中に戻ってしまうというのです。そして、私が戻ってきて目を向けると、初めて何らかの形を取る粒子となって再形成されるわけです。昔はふざけて、部屋から出掛けにさっと振り向き、部屋がまた形作られる瞬間を目撃してやろうとしたものです。もちろん無理でしたが！

「物質は——石ころも、雪の結晶も、素粒子ですらも——生物が観察しない限り目視できるようにならない」
ロバート・ランザ医学博士『生物中心主義：宇宙の本質の理解に対する生命と意識の必要性 (Biocentrism: How Life and Consciousness Are the Keys to Understanding the True Nature of the Universe)』

　もっとも深いレベルでは、私たちが住む世界の物理的構造全体、そしてそこに存在するすべては、空虚な空間でしかありません。なのでディーパックの問いかけどおり、「世界は物質的なものだろうか?」ということになるのです。

　ですが、もし物理的なものでないのならば、いったい世界とは何なのでしょうか?

　あらゆる物理的な顕現は、マインドから生じます。ですがこれは、ただ単にマインドが物質を支配するというだけの話ではありません。物質とはマインドなのです。確固として存在しているように見えるものはすべて、この物質的世界も宇宙も、実際にはマインドにより投影されたイメージなのです。

「すべてはマインドだ。宇宙とは精神的なものなのだ……。宇宙の精神性の真理を理解した者は、習得への道を大きく前進する」
『キバリオン（*The Kybalion*）』

「世界も宇宙も、精神が創り出した合成物だ」
レスター・レヴェンソン『幸福はそこにある（*Happiness Is Free*）』ボリューム1−5

「原子の構造ですら、マインドが発見したものなのだ」
ラマナ・マハルシ

「すべてはマインドの顕現なのです」
フランシス・ルシール

「思考とは、神から放たれるもっとも大きなエネルギーであり、振動だ。これが生命の、電子の、原子の、そしてあらゆる形態のエネルギーの創造者なのだ」
パラマハンサ・ヨガナンダ『神とアルジュナの語らい：バガヴァッド・ギーター（*God Talks with Arjuna: The Bhagavad Gita*）』

　夜、広大な宇宙を見渡してみてください。それがあなたの外界だと、本当に断言できるでしょうか？　私たちはすでに、自分が見ている景色とはたとえどんなものであろうとも、網膜に光子が当たり、それを脳が映像へと変換したものだと理解しています。脳はその映像を反転させ、頭の内部からそれを投影しているのです。つまり生物学的な意味でも、私たちが見ているものは私たち自身の中にあるということが判明しているわけです。

　世界を見るとき、私たちは外側からではなく、私たちの内側から見ているのです。外界を感知する感覚はどれも私たちの内側で働いているのです。何かに手を触れたとき、その感触は外部からではなく、内側から感じているのです。自分のことを考えてみてください。誰かの腕に抱かれたとき、あな

たは自分の中に生じたそれらの感覚を捉えているのです。音が聞こえたのなら、それは外から聞こえてくるのではなく、あなたの中で聞こえているのです。何か運動をするとき、体が動く感覚はどれもあなたの中に感じているのです。私たちの感覚はどれも、世界が私たちとは別々に外部に存在しているという証明にはならないのです。

「私たちは全宇宙を創り出し、自らそうしたのを忘れている。宇宙は現実に、自分とは別に存在していると信じているが、実は私たちの頭脳の中にある映像に過ぎないのだ。この世界を見られるのは唯一、マインドの中でだけだ。マインドを眠らせてしまえば、もう世界はなくなる。その眠りが覚めなければ、世界は二度と存在することなく──あなたしかいなくなるのだ」
レスター・レヴェンソン『意志の力（*Will Power*)』オーディオ版

　ティースプーン1本から空の太陽にいたるまで、私たちが目にするものはどれもマインドが投影しているに過ぎません。映像のプロジェクターのように、マインドは私たちの世界を投影しているのです。ちょうど、頭上も足元も、周囲にぐるりと映し出された映像とサラウンドの音声に囲まれた、360度シアターに立っているようなものです。まさしく現実だと思い込んでしまうほどの体験を生み出すシアターにです。

「世界は独立した現実として存在しているというのは、幻想です」
フランシス・ルシール

　あなたが見ているこの世界は──私たちの肉体の外に存在する、切り離された存在のように見えるこの世界は──あなたのマインドが創り出した幻想です。あらゆるものが確固たる形を持っているように見えるのは、マインドのまやかしです。あらゆるものが三次元的に見えるのは、マインドのまやかしです。

　私たちに見えている世界の姿も、そこで感覚を通じて得る経験も、眠って

いる間に見る夢のようなもの。夢の中身も、夢の中でする経験も、すべてマインドが創り出すもの。目覚めている間にあなたが世界でする経験が完全にマインドの中で起きているのと、まったく同じなのです。

「そんなにも強力な、想像と自己欺瞞の力をマインドが持っていることを考慮するならば、人が目を覚ましている間に私と捉えている肉体も、本物だと捉えているこの世界も、じつは夢の中で体験する肉体や世界となんら変わることのない単なる空想や、マインドが投影したものでしかないと考えるのは、合理的なことではないだろうか？　目覚めている間に感じている肉体や世界は私たち自身のマインドが生み出した創造物ではないという証拠が、どこかにあるだろうか？」
マイケル・ジェームス『幸福と生の技法（*Happiness and the Art of Being*）』

「あなたは想像の中で、役者や観客が登場する映画ショーを書いてそれをスクリーンに投影し、すべては自分のマインド内で起きているのだという事実を見失ってしまっている」
レスター・レヴェンソン『幸福はそこにある（*Happiness Is Free*）』ボリューム1−5

「世界は、思考や概念で創られています」
私の導師

「私たちが見ているのは、自分自身のマインドだ」
レスター・レヴェンソン『幸福はそこにある（*Happiness Is Free*）』ボリューム1−5

「私たちが名前を付けたものは——緯度、経度、グリニッジ標準時、国家、州、星、銀河など人が名付けたものは——、すべて人間の創ったもの。つまり、私たちがこの世界を創ったのだ……何千年もの時間をかけて。私たちが語り部なのだ」
ディーパック・チョプラ™医学博士　2018年　SANDカンファレンスの講演より

　私たちは個人的な、そして集団的な思考を通し、この世界だけでなく、日々を彩るさまざまなものをも創り出しているのです。

「世界と呼ばれるこれは、いったい何だろう？　世界は、私たちが作り出した単なる幻想だ。いつかあなたも、自分が宇宙全体を創り出したのだと分かるだろう……私たち全員の思考の合成物でしかないのだと」
レスター・レヴェンソン『意志の力（*Will Power*）』オーディオ版

　では、思考を見せかけの世界や宇宙へと変える力とは、どんなものなのでしょう？　それは無限の意識、存在する唯一の力です。意識は実際に存在する、たったひとつの力なのです。ライバルなど、どこにもいません。そして、あなたがその意識なのです。

すべては意識

「世界はすべて、学校の教科書に書かれているような場所ではない。ルネサンスの始まったころから数世紀にわたり、宇宙の成り立ちについてはたったひとつの観念が、支配的な科学的思考となっていた。この観念は宇宙の本質についての計り知れない発見をもたらした——そして数え切れないほど応用され、私たちが送る日々の生活を変容させてきた。だがこの観念はもう有用なものとしての寿命を迎えつつある。今まで完全に無視され続けてきた、より深遠な現実を反映するまったく異なるパラダイムに置き換えるべきときが来ているのだ」
ロバート・ランザ医学博士『生物中心主義：宇宙の本質の理解に対する生命と意識の必要性
（*Biocentrism: How Life and Consciousness Are the Keys to Understanding the True Nature of the Universe*）』

「何らかの不可解な理由により、起こりえるすべてのできごとにもっとも共通しているもの——つまり意識——は、秘密にされ続けている」
ディーパック・チョプラ™医学博士

　ディーパック・チョプラは講演の中で、まだ解明されていない科学的な重大問題をふたつ提示しています。

　1．宇宙の本質とは何だろう?
　2．意識はどこから生じるのだろう?

「科学では、自然界の究極の謎を解明することはできない。その理由は——最新の研究によると——私たち自身が自然の一部であり、それゆえ、解明しようとしている謎の一部だからだ」
マックス・プランク　量子物理学者『科学はどこに向かうのか?（*Where Is Science Going?*）』

　科学者は、世界を「客観的で、物質的で、私たちとは切り離されて存在するもの」とする観念を信じ続けていますが、宇宙の根底にある物質とは何なのかを突き止めることはできないでしょう。ですが科学的に答えの出ないこの疑問の答えを、賢者たちは何世紀もの昔から知っているのです。

　宇宙の本質とは何だろう?
　宇宙の本質は意識だ。

　意識はどこから生じるのだろう?
　意識はどこから生じるものでもない——すべてが意識から生じるのだ。

　意識と心は無限であり、同時にすべての場所に存在するもの。だから、どこからも訪れようがないのです。

　科学のおかげで私たちは、この物質的な宇宙はビッグ・バンから生まれたことを知っていますが、これは要するに、科学者が予期しているような終焉が必ず訪れるということです。始まりと終わりがあるのなら、この宇宙は有限です。そして有限であるのなら、何か無限のものから生じたということです！　宇宙は意識から生じました。そして無限である意識は、この宇宙とそこに存在する万物のまさしく根本であり、すべての根底にあるものなのです。

　あなたは無限の意識。つまり究極的に、宇宙はあなたなのです。宇宙はあなたの中にあるのです。

「全宇宙はひとりの人間に内包される──あなたの中に」
ルーミー

　世界も、宇宙も、そしてあなたの肉体を含めそこにあるすべても、意識の中に存在しています。どれもすべて意識の中に、そして上に存在しているのです。意識は遍在します。万物がその中にあり、その中から生じるのです。意識は全知です。すべてを内包しているがゆえに、すべてを知っています。意識は全能です。比類する力が何もない以上、意識は絶対的な力なのです。

「あなたが、あなた自身が、この宇宙として出現している永遠のエネルギーなのだ」
アラン・ワッツ『意識の本質（*Nature of Consciousness*）』

世界映画

　映画やテレビを見ようとしても、画面がそこになければ映像は何も見えま

せん。マインドも、世界という映画を投影するためにはスクリーンが必要です。そのスクリーンが、意識なのです。

　マインドが投影する世界映画は意識のスクリーンに映し出されます。要するに、私たちが世界と呼ぶものは、すべて意識が――唯一無二である私たちという無限の意識が――創り出したものなのです。賢者が「私たちはひとつだ」「私たちはすべてだ」というのは、つまりそういう意味です。私たちは、まさしくすべてなのです。なぜなら私たちは、すべてを内包し、すべてを支えるひとつの意識なのですから。

「つまり何が顕現しようとも、それは大事なことではないのだ。ただ宇宙的な意識が振動し、さまざまな形を創り出しているだけなのだから」
セイラー・ボブ・アダムソン『今、何か問題が？（*What's Wrong with Right Now?*）』

「意識が根底にある状態。それは、あらゆるものを存在させる大気や、映像を映し出す映画のスクリーンのようなものだ。意識に影響を与えられるものも、触れられるものもない」
ジャン・フレイザー『恐怖が剥がれ落ちるとき（*When Fear Falls Away*）』

「すべては見かけどおりではなく、あなたも見かけどおりではありません。ほんの少し深くに目を向け、ほんの少し深く感じればいいだけの話なのです」
パメラ・ウィルソン

世界を変えたいですか？

「社会の変化とは、あまり重要なものではない。それは私たちが人間として変化すれば、おのずと、必然的に変化するものだからだ」
J・クリシュナムルティ　1970年　サンタ・モニカでの講演より

「意識とは、私たちのことだ。あなたは世界を救うためにここにいるのではない——世界を愛するためにいるのだ」
アンソニー・デ・メロ（イエズス会司祭）

「あなたは世界を変えたいと言います。では、仮にあなたには今の世界を消し去り、好きなように創り変える力があるとしてみましょう。戦争もなく、暴君もおらず、蚊もおらず、癌もない、苦痛もない、誰もが笑っている世界に創り変える力です。あなたはきっと、ひどく退屈で味気ない世界を創ってしまうことになるでしょう。そこに少々の塩胡椒を加えはじめ、結局は振り出しに戻り、世界はあのままでよかったのだと気づくのです！」
フランシス・ルシール『静寂の芳香（The Perfume of Silence）』

　私たちがそれぞれの信念にしがみつき、自分たちは別々の個人なのだと信じている間は、世界に平和など訪れません。何十億というエゴは不安定であるがゆえに、絶え間なく争いを生み出すしかありません——決して解け合えないのです。しかし意識は、すべてを許します。幻想を許し、誤った信念を許し、平和が生まれないことを許し、争いを許し、苦難を許し、戦争を許すのです。すべての存在を許すのはただひとつ、愛だけだからです。あなたが苦難から解放されるかどうかは、世界の平和とは関係がありません。自分はただの個人なのだという誤解を捨てられるか、自分は唯一無二である無限の存在なのだと感じられるかにかかっているのです。

「無限の存在は、世界の災厄などにはまったく関心がない。そうしたものの影響は、まったく受けないのだ」
デーヴィッド・ビンガム

「世界を自分自身として眺めると、別のものとして見ていたときとはまったく違って見えるだろう。世界を、そしてそこにあるすべてのものを愛し、ひとつになっているだろう」
レスター・レヴェンソン『幸福はそこにある（*Happiness Is Free*）』ボリューム1-5

「意識が高まるほど、愛が湧き出てくる。自己実現とともにすべては自分なのだ。だから何かを傷つけることなど不可能なのだという理解が芽生える」
デーヴィッド・ビンガム

　意識は、すべてのものに「イエス」と答えます。意識はすべてのものにありのままの自由を許します。それは、世界も、世界に存在するすべても意識だからです——すべては意識そのものであり、私たちそのものだからです。つまり、私たちと矛盾するものなど、何もないのです。どんな災厄も、私たちの身に降りかかりはしません。原爆や隕石にも、私たちを滅ぼすことはできません。どんな不足や限界も、私たちをくじくことはできません。なぜならば、そのすべては私たちだからです。真の自己に気づいたとき、そして意識として安らぎを得たとき、あなたにも必ず分かるでしょう。

　世界がどのように見えようとも、すべては必ず——必ずうまくいくのです。

CHAPTER11　まとめ

- 私たちが信じる世界の姿は——私たちとは別に存在する固くしっかりとした世界は——幻想だ。

- もっとも深いレベルでは、私たちが住む世界の物理的構造全体、そしてそこに存在するすべては、空虚な空間でしかない。

- 物質とはマインドだ。確固として存在しているように見えるものはすべて、この物質的世界も宇宙も、実際にはマインドにより投影されたイメージなのだ。

- 夢の中身も、夢の中でする経験も、すべてマインドが創り出すもの。目覚めている間にあなたが世界でする経験が完全にマインドの中で起きているのと、まったく同じ。

- 思考を見せかけの世界や宇宙へと変える力、それは無限の意識——存在する唯一の力。

- 宇宙は意識から生じた。そして無限である意識は、この宇宙とそこに存在する万物のまさしく根本であり、すべての根底にある。

- 世界も、宇宙も、そしてあなたの肉体を含めそこにあるすべても、意識の中に存在している。

- 私たちがそれぞれの信念にしがみつき、自分たちは別々の個人なのだと信じている間は、世界に平和など訪れない。何十億というエゴは、絶え間なく争いを生み出し続ける。

- 苦難から解放されるかどうかは、世界の平和とは関係がない。自分はただの個人なのだという誤解を捨てられるか、自分は唯一無二である無限の存在なのだと感じられるかにかかっている。

- 意識は、すべてのものに「イエス」と答える。意識はすべてのものにありのままの自由を許す。それは、世界も、世界に存在するすべても意識だからだ——すべては意識そのものなのだ。

- 世界がどのように見えようとも、すべては必ず——必ずうまくいく。

CHAPTER 12

終わり──
終わりなどどこにもない

　私たちが恐れていることが、本当ではなかったとしたらどうでしょう？　私たちが思うような死のようなものが存在していなかったとしたら、どうでしょう？　死とは目覚めのことであるとしたら、どうでしょう？

「私はどこから来て、どこへ行くのだろう？　それは私たち誰もが抱く、計り知れない大きな疑問だ。科学では答えることができない」
マックス・プランク　量子物理学者

「肉体は死ぬ。しかし肉体を超越する魂に、死は触れることができない」
ラマナ・マハルシ『ラマナ・マハルシの言葉（The Collected Works of Ramana Maharshi）』

「肉体とマインドだけがあなただというのであれば、そのあなたは確実に死ぬ！　しかし、自分は生まれながらにして不滅の意識なのだと気づくことができたなら、もう死の恐怖に悩まされることはない。そう、これが死の死なのだ」
ムージ

「目覚めれば、肉体の死への恐怖を含むありとあらゆる恐怖が消え去ります。それはあなたが変容するものは、危害や苦痛を決して受けないからです」
ジャン・フレイザー『存在の自由（The Freedom of Being）』

「死とは、あなたではないものをすべて剥ぎ取ることだ。人生の秘密とは『死ぬ前に死ぬ』ことだ——そして、死など存在しないと気づくことだ」
エックハルト・トール『さとりをひらくと人生はシンプルで楽になる（The Power of Now）』

　死ぬ前に死ぬというのは、自分はただの個人でしかないというマインドのまやかしに終止符を打つという意味です。自分は個人なのだという信念と決別し、無限の意識こそ自分なのだと気づくということです。そうして初めて「死ぬ前に死」に、真理を見つけ出すことができるのです——死など存在し

ないのだと。

「人間が生きている間に学ぶあらゆることの中で、もっとも重要なことを、もっとも素晴らしいことを教えよう。あなたは形を持たず、不変であり、決して死ぬこともない」
ムージ『ホワイト・ファイアー（*White Fire*）』第 2 版

「あなたも、あなたの肉体とマインドも、そしてあなたが見ている世界も、すべて同じ仮想現実の一部だ……。あなたは──本当のあなたは──無形の意識であり、ひとたびそれと一体になれば、それまで自分だと思っていたものはすべてかりそめのものだったのだと理解できる。夫も、父親も、息子も、妻も、誰もみな生まれて死んでいく、変化を続けるかりそめの姿。真の姿ではない……。本当のあなたはあらゆるものへと姿を変える、無限で、無形で、人知を超えた存在なのだ」
ディーパック・チョプラ™医学博士　mindbodygreen ポッドキャストより

「私たちは自分が意識であることを忘れ、自分を肉体と同一視してしまいます。そして『私は肉体だから、いずれ死ぬのだ』と考えます。しかし、肉体の中に意識はありません。肉体は意識の中に生まれ、マインドは意識の中に生まれ、世界が意識の中に生まれるのです。それが私たちの真実なのです。しかし私たちはその真実に、マインドの中に意識があり、肉体の中にマインドがあり、世界の中に肉体があるのだと、正反対の思い込みを上塗りしてしまうのです」
フランシス・ルシール『静寂の芳香（*The Perfume of Silence*）』

「あなたは自分を肉体だと考えているから、生死と自分を混同してしまっている。しかしあなたは肉体などではなく、生も死も持ってはいないのだ」
ラマナ・マハルシ『あるがままに──ラマナ・マハルシの教え（*Be as You Are*）』

「だから真実を言うならば、死もまた人間が創り出したものだということだ。物質界を信じれば死を信じなくてはならず、誕生を信じなくてはならない。だが、自分は形を取ってそれを体験しているだけの、無形の存在なのだと理解することだ。その無形の存在が今、肉体とマインドの形を取っているのだ」
ディーパック・チョプラ™医学博士　mindbodygreen ポッドキャストより

「あなたが死を受け入れる理由はただひとつ、あなたが誰かから生まれたと受け入れているからだ」
スリ・プーニャ（パパジ）

「私もあなたも、存在が消えたことなど一度たりともない……同様に、私たちがいなくなる未来など、断じて訪れはしない」
クリシュナ

　あなたの存在が消えるなど、想像するのは不可能です。なぜなら、そんなことは起こりえないからです。存在しなくなることを想像するというのはつまり、その想像をしているという意識があるということ——そしてあなたがその意識なのです！

「まだ赤ん坊のころには、テーブルも、手も、自分が肉体を持っていることも分からない。私たちが感じるのはただ……無数の色と、感覚と、イメージが広がる広大な宇宙だけだ。思考はまだ存在せず、ただ驚嘆と困惑を感じるだけだ。そして、やがて概念を知っていく。自分は男性だ、自分はアメリカ人だ、自分は人間だ、あれは星だ、あれは銀河だ、これは地球という惑星だ。これが、科学的な世界観というものだ。私たちはとつぜんそうしたフィルターを通して、世界を眺めるようになる。そして意識は条件付けされたマインドとなり、物質界と物質的な肉体という概念をあなたに与えるのだ。その概念を意識の内側に創ってしまうので、死を、誕生を不安

に感じてしまうようになるのだ。こうした概念は、人間のものだ。しかし誕生も、死も、肉体も、宇宙も存在しない。そこには意識があるだけなのだ。意識は無限であり、あなたがそれなのだ」
ディーパック・チョプラ™医学博士　mindbodygreen ポッドキャストより

「個人としての感覚を乗り越えていくに従い、人は不滅になっていく……。エゴを落として真の自己（トゥルー・セルフ）としての意識を得るほど、不滅になっていくのだ。そして、それは今この場でできるのだ」
ジョエル・S・ゴールドスミス『果てしない道（*The Infinite Way*）』

「死は、光を消すことではない。夜明けの訪れとともに灯りを消すだけのことだ」
ラビンドラナート・タゴール

　死ぬ本人は、どのように感じるのでしょう？

「夢を見て目覚めるのと同じこと。何も変わりません」
私の導師

　心や意識というものは、決して生まれも死にもしないのだと、多くの師が繰り返し私たちに教えてきました。つまり肉体が死んでしまったとしても、意識や心は変わることなく、完全に覚醒し、完全に生きたまま残り続けるということです。そうなればあなたも、自分は肉体ではなかったのだと理解するでしょう。肉体を失っても、それまでと変わることなくすべてを感じながら存在している自分に気づくからです。肉体があろうとなかろうと、あなたは永遠に在り、力強く生き続けるのです。覚醒するのに、意識は肉体を必要としません。肉体が終わりを迎えても、あなたの意識が絶えることはありません。1兆分の1秒にいたるまで、はっきりと目覚めているのです。

「心と意識には、始まりも終わりもない」
ロバート・ランザ医学博士『『生物中心主義を超えて：時間、空間、意識、そして死の幻想
を再考する（*Beyond Biocentrism: Rethinking Time, Space, Consciousness, and the Illusion of Death*）』

「生には対極が存在しない。死の対極は誕生だ。生は永遠なのだ」
エックハルト・トール『世界でいちばん古くて大切なスピリチュアルの教え（*Stillness Speaks*）』

　誰も死なないのだと理解したなら、人生はどれほど変わるでしょうか？
自分たちは誰もが永遠の、無限の存在なのだとはっきり分かったなら、どう
でしょうか？　もし今、あなたがそう知っており、それが真理なのだと理解し
ていたなら、どんな人生になっているでしょうか？

　真理を知れば人生は自由に、そしてどこまでも安らかになるのだと、賢者
たちは言います。遥かにたくさんの笑い声と自由な愛に包まれ、すべてので
きごとを心の底から楽しめるようになるのだと。あらゆる瞬間をあますことな
く享受し、世界にある驚異と輝きへの圧倒的な称賛の念が生まれるので
す。そして人間と、命あるあらゆるものへの深い愛と同情が芽生えるのです。
　かつて自分を煩わせていた人々やものごとにも動じなくなるのだと、賢者
たちは言います。問題など何もなくなり、思い詰めてしまうようなものごともな
くなるのだと。何が去来しようとも、まるで映画を観ているかのように、静か
に見守ることができます。そして、どんなことが起きようと誰にも終わりなど訪
れないのだと、言葉にできないほどの平穏で満たされるのです。

　秘密を見つけたときに、私は誰も絶対に死なないのだと気づきました。
「思考と現実生活を支配するいくつもの法則——因果の法則、引き寄せの
法則、カルマの法則など——が存在するのだと理解した私は、人生を超越
して生きなくてはならないのだと理解しました。そうでなくては、筋が通らな
いのです。たった一度の人生で、すべての法則をマスターできる人などい

ないのです。仏陀でさえ、自分の本質を知るまでに 500 もの人生を生きたと言います。

「あなたが自分という個を意味して使う私という感覚は、決してなくならない。広がっていくのだ。自分の本質に気づくと、彼らはあなたであり、あなたは私であり、そこにはただひとつがあるだけなのだと理解できるようになる。今も、そしていつでもあなたはワンであり、無限の存在なのだと」
レスター・レヴェンソン『幸福はそこにある（*Happiness Is Free*）』ボリューム1−5

アバター

「これはすべて、意識のお遊びだ。意識は変装し、自分はただの一個人だという顔をしているのだ」
デーヴィッド・ビンガム

「私たちの本質である純粋意識は、私たちが人間としてどんな冒険をしようとも、何も得ず、何も失わない」
ルパート・スパイラ『愛情の燃え殻（*The Ashes of Love*）』

　地上で生を送るというのは、テレビ・ゲームの中にアバターを持つようなもの。ゲームの中で死ぬと、あなたは新たな自分として新たなゲームを始めます。そしてクリアーするまで、どんどん新たなアバターに乗り換えていくのです。さまざまな伝統の中には、人は覚醒して自分たちが何者なのかに気づいて——意識なのだと気づいて——ゲームをクリアするまで、新たな肉体を手に入れ続けるのだとするものもあります。

　私たちはきっとたくさんの、数え切れないほどの人生を送ってきたはずで

す。ですが真実への目覚めが――そして今度の人生がもっとも重要なものになることが――意識と宇宙が望むものなのです。

「あなたは、宇宙が持つ聖なる目的を開かせるためにここにいるのだ。あなたはそれほど重要なのだ！」
エックハルト・トール『さとりをひらくと人生はシンプルで楽になる（*The Power of Now*）』

　真実は与えられるものではなく、自分で気づかなくてはならないものです。あなたにあなたを授けることなど、誰にもできはしないのです。あなたはすでに、あなたなのですから！　人にできるのは、どちらを探せばいいのか、方向を示すことだけです。あなたは誰かの言葉からではなく、自分の経験から理解しなくてはいけないのです。

「あなたと世界、そして全宇宙は、意識が変容したものだ。あなたも宇宙も、活動する意識なのだ」
ディーパック・チョプラ™医学博士　mindbodygreen ポッドキャストより

「もっとも深い、最も底をたどれば、あなたの本質とはただ意識そのものの骨組みであり、形作るものなのだ」
アラン・ワッツ『マインドからの脱却（*Out of Your Mind*）』

「宇宙は自分の中にあるのだ、宇宙は自分なのだ、別々の存在などではないのだ、すべては一体なのだと真に感じれば、宇宙もすべてのできごとも、その観念に――真の観念に――従い開けていきます。そして世界の高潔さを、神聖さをあらわにするのです。とこしえの奇跡をあらわにするのです。その奇跡はまず感情として訪れ、いずれこの世界でする私たちの経験を通して確かなものになるのです」
フランシス・ルシール『静寂の芳香（*The Perfume of Silence*）』

人間から無限の存在へ

　私の導師は、本当の自分に、つまり無限の存在に気づけるかどうかは決断ひとつにかかっていると言います。決断ができるのはただひとり、あなた、つまり無限の存在だけ──だから、あなたが誰なのかを完全に理解するための決断は、コップ1杯の水を飲む決断を下すのと何も変わりはしないのです。こんな決断を下すのです。「私は本当の自分を、意識を完全に感じるのだ。私は無限の意識になって、理想を満たし、歓びの人生を歩むのだ。私は本当の自分である、永遠不滅の純粋な意識を完全に感じると決めた」

「すべての欲求を捨て、右往左往するのをやめ、ひどい重荷と雑念を下ろしてください。すべて箱に入れ、閉じてしまうのです。そして、二度と戻ってこないトラックに載せ、運び去ってもらうのです。さあ、後に何が残ったでしょう？　あなたはまだここにいます。自分の存在を感じています。ようこそ、おかえりなさい」
ジャン・フレイザー『存在の自由（*The Freedom of Being*）』

　この本を通してあなたと旅をしてきたのは、「自分はただの人間なのだ」という思い込みから、本当のあなたである無限の存在へと向かうための道を示すためです。苦しみの日々から、至福の幸せと平穏の日々への道を示すためです。苦痛、怒り、恐怖、不安、そして問題からあなたを自由にし、意識が生み出す永遠の幸せの中へと連れ出すためです。あらゆる存在の中で、あなたのトゥルー・セルフだけが、意識だけが永遠なのです。すべては訪れては立ち去り、現れては消滅します。しかしあなただけは、訪れも消えもしないのです。意識は、あなたの日々の体験をあますことなく感じ取っています。そうした経験に影響を受けたり傷ついたりすることなく、すべてを歓迎しているのです。

「私たちは人類史上もっとも興奮に満ちた、困難かつ重要な時代を生きている。これほど多くの可能性も、これほど多くの危機も、かつてはなかったのだ」
ピーター・ラッセル　作家・元物理学者

　この本で紹介する賢者たちの言葉を通して、あなたは目覚めはじめました。どこに向かおうとも、もう道に迷うことはありません。マインドが創り出してきた完璧な幻影に、今は小さな裂け目が入ったのです。その裂け目は二度とぴったりと閉じ、あなたのマインドを無知の暗闇の中に閉じ込めたりはしません。意識は——本当のあなたである無限の存在は——その幻影を引き裂き続け、いずれ真実をすっかり暴き出すでしょう。そしてあなたはついに、トゥルー・セルフとの再会を果たすのです。

「自己に向けて一歩を踏み出すと、自己は私たちに向けて九歩進んでくる」
レスター・レヴェンソン

　中にはこの本を読みながら目覚めてしまう人もいるでしょうが、ほとんどの人にとって覚醒は長旅に見えることでしょう。ネガティブな感情や信念を手放し、可能な限り意識としてとどまり続けようとしているうちに意識はあなたの中に広がり続けていきます。そして大きく広がり続けていった結果、あなたはこの宇宙すべても、そこに存在するすべても、あなたの中にあるものなのだと気づくのです。

　この旅はどこかに向けた旅ではありません。なぜなら、あなたには決まった行き先がないわけですから。あなたは今ここにいるだけで、ずっと探し続けてきたすべてなのです。ルパート・スパイラの言うとおり「どこに行く必要もない。ただ自分自身に向けて1歩踏み出してみればいい」のです。

　本当のあなた——無限の存在は、今ここに存在しています。もしまだ完

全にはそう感じられていないのなら、それはただ単に、あなたは一個人なの
だとマインドが信じ込ませているからです。ですがそれも、もう変わりかけて
いるのです。

「ひとたびセルフを知ったならば、二度とそれを知らなかったころに後戻り
することはない。だが、ふたたび個としての自分を楽しむことはできる」
デーヴィッド・ビンガム

　気をつけてください。マインドは、ありとあらゆる言葉であなたの気を引こ
うとします。「こんなの、きっと気に入らないに決まってる——ずっと意識でい
るなんて退屈だぞ！　トムのところに行って、楽しいことでもしようじゃないか」
という感じです。もちろん、楽しむのはいいことですし、本当のあなたも楽し
むのは大好きです。あなたがトゥルー・セルフとして——つまり意識として
——生きたとしても、あなたは楽しむことも、トムと会うこともできるのです。
むしろ意識となったあなたは、それまでよりも多くの楽しみを得られます。今
よりも、たくさん笑うようになるのです。意識となっても、することは以前と何
も変わりはしません。唯一の違いは、同じことをしてはいても幸せと平穏を
覚え続け、恐怖や不安、ストレスや悲しみを感じなくなることです。

「仮に宇宙飛行士となって新たな銀河を見つけたとしても、この地上で本当
のあなたを発見することに比べれば、取るに足らないことだ」
ムージ『ホワイト・ファイアー（*White Fire*）』第2版

　無限の存在というのは、今この瞬間にあなたが自分自身だと感じている
あなたなのだと、どうか理解してください。「無限の存在になるためにはま
ず、また別のあなたにならなくてはいけない」などということはないのです。
私が初めて無限の存在を発見したのは、別の自分にならなくてはいけない
のだと思い込み長年が経ってからのことでした。私はようやく、今この肉体
を通してすべてを感じているのが無限の存在なのだ、と確信したのです。

「あなたは神聖な存在です。そうでないふりをするのはやめなさい。そうあるべきときがきたのです」
パメラ・ウィルソン

あなたは誰?

「私たちはみな、最悪の愚か者のように振る舞っている神なのだ」
レスター・レヴェンソン

「人生の目的——たったひとつの目的——とは、完全な自分自身になることです。私たちはそうなりたいと密かに願いながら、目的を成就させるために必要だと思う小道具を片っ端から手に入れていきます。結婚も、家も、愛する人も、そして、たとえその小道具が肉体そのものだったとしても」
私の導師

　結婚生活が破綻したり、最愛の人を失ったり、生活の中で何かが台無しになったりすると、人は大きな苦しみを覚えます。しかしそうした苦しみの中で、人生の持つ意味を考えはじめるようなことも、少なからずあるものです。覚醒に至った賢者の中にはものすごい苦しみを克服した人も多くいます。そうした苦しみが深淵な人生の疑問を抱くことに繋（つな）がり、最終的には、本当の彼らという真理へと繋がっていったのです。
　苦しみのさなかにいるときには、今味わっている苦しみが自分を何らかの奇跡へと導いてくれるのだと思うことすら難しいでしょう。しかし事実、苦しみに導かれて、本当の自分という楽園のただ中に至った人は多いのです。

「苦しみは平穏への扉になります。苦痛は、ひどい重荷を抱えたときに開き、すべてを受け入れてくれる跳ね上げ戸のこと。私たちが障害物だと思って

いるものはどれも平和へと続く窓であり、窓の外には平穏な私たち自身が
いるのです。私たちが道を知らないかぎり、その障害はいつまでも次々と
やって来ます。私たちはまるで鉄を引き付ける磁石のように、それらを引
き付けてしまいます。人間とは、とても強い力を持つもの。私たちはそれ
をほとんど知りません。そして無知とはさまざまな障害の中、ひときわ大
きなものなのです」
ジャン・フレイザー『恐怖が剥がれ落ちるとき（*When Fear Falls Away*）』

　ですが、今あなたは知っています。

「あなたはとこしえにあなた自身だ。他のことはただの夢に過ぎない。だか
ら自己の発見は、覚醒と呼ばれるのだ」
ムージ

「ただの夢に過ぎない」というのは、あなたが見たり経験したりするあらゆ
ることの背後にある真理です。これは、困難な状況で苦しむ誰かに同情せ
ずに見捨てることとは違います。あなたが真理に気づくと、あなたが醸し出
す安らぎと平穏が相手を包み込み、安らぎを与え、なんの言葉を発さずとも
彼らに染み渡っていくのです。どんなことがあろうとも必ずうまくいくのだと理
解することで、あなたはあらゆるネガティブなものから完全に解放されま
す。そしてあなたの存在は、苦しみの中にある人を深く深く慰めるようになる
のです。完全に無限の意識として生きるひとりは、何百万もの人々が抱える
ネガティブなものを打ち消すと言われます。意識が抱く純粋な愛の力は、そ
れほどに強いのです。

「あなたは肉体に宿っている神です。肉体の中の魂です。「あなた」として表現されている永遠の命です。あなたは宇宙的な存在です。あなたはすべての力です。あなたはすべての知恵です。あなたはすべての知性です。あなたは完璧です。あなたは壮大です」
『ザ・シークレット』

　あなたは地球を、太陽を、星々を、銀河を、そして森羅万象を抱いた、宇宙のような意識です。あらゆる存在の基質なのです。

「右往左往したり、外に出ようとしたりし続けても、すべての答えはあなたの本当の姿にあるのです。世界のすべては、あなた自身を指し示しているのです」
私の導師

「誰にも、何にも、あなたを完成させることはできない。今この場で、あなたはそのままですでに完全無欠なのだ」
ヘイル・ドゥオスキン

「己の美しさを知ったとき、人は自分自身の偶像となる」
ルーミー

「すべきことは、すでに自分が持っているものを発見することだけ。だからこれは、気づきと呼ばれるのです。すでにそこにあるものに、ずっとそこにあったものに、気づくことなのです」
ジャン・フレイザー『恐怖が剥がれ落ちるとき（*When Fear Falls Away*）』

　この地球上に生きはじめてから、人類はずっと同じ3つの質問を繰り返してきました。私は誰だろう？　私はどこから来たのだろう？　私はどこに行くのだろう？　答えはこれです。意識、意識、意識。

「全存在は至福から生まれ、至福の中に生き、至福へと還っていく」
タイッティリーヤ・ウパニシャッド

　おかえりなさい。あなたがずっといたこの場所へ。

「何も心配することはない。あなたがここにいるのは偶然ではない。今の姿は、ほんのひとときだけのかりそめだ。だが、そのかりそめの裏にいるあなたは、永遠だ。それを知っておきなさい。それを知り、信じていれば、もう何も心配することはない」
ムージ『ホワイト・ファイアー（*White Fire*）』第 2 版

「私に起きたことは、あなたにも起こります。自由になり、苦しみから解放され、たとえどんなことが起ころうとも暖かな小川のように流れる歓喜を抱くことなど不可能だと思うかもしれません。ですが私は、それが可能だと伝えるために今ここにいるのです」
ジャン・フレイザー『恐怖が剥がれ落ちるとき（*When Fear Falls Away*）』

　マインドが鎮まると、すべてを知る無限の存在が──本当のあなたが──すべてを請け負います。

「あなたが本来のあなたである永遠の存在に──心に、意識に──なると、どんな疑問の答えだろうとすべて受け取るようになります。あなたが抱くどんな願望も、満たされるようになるのです」
私の導師

　すべてが淀みなくはっきりと見えるようになり、二度と困惑や不安に苦しむこともなくなるのです。

「私たちは本来、直感のみに従って生きるべきです。直感に──本当のあな

たの声に──従い行動すれば、人生は素晴らしいものになるのです」
私の導師

　あなたの苦しみはすべて、今、この場で断ち切ることができます。意識とは、苦しみからの出口なのです。永遠への、笑顔の人生への、歓びへの、真の豊かさへの、美しさへの、そして至福への鍵なのです。

「真実を見つけたたったひとりの光が、何千年の長きにわたり人類の存在を照らし続けてきた。本当の自分という真理に至った人が持つ力とは、それほど強いものなのだ」
ムージ

「存命中には広く知られてはいなかったものの、永遠に続く大きな影響を与えた人々がいました。歴史には名前の見つからないそうした人々が、数多く存在したのです。たとえ忘却されようとも、彼らがこの世界に放った知性と愛は、今もなお私たちに触れるのです。私たちにできる世界への本当の贈りものとは、愛と理解の源となること。その源となるためには己をくまなく理解しなくてはいけないと知ることです」
フランシス・ルシール『真実、愛、美しさ（*Truth Love Beauty*）』

「愛の他に何も持たなくとも、人は世界を相手に立ち上がることができる。愛とはそれほどの力を持つものだ。この愛は、セルフに他ならない。この愛は神なのだ」
レスター・レヴェンソン『幸福はそこにある（*Happiness Is Free*）』ボリューム１−５

　完璧さを生み出す源はたったひとつだけ。その源とは、あなたです！　どこかに愛を見出したならば、その愛は自分なのだと気づいてください。美しい夕日を見たならば、あなたが目にしている美しさは自分なのだと気づいてください。どこかに幸せを見つけたならば、その幸せは自分なのだと気づい

てください。笑い声が聞こえたならば、あなたが放つ無限の歓びが輝いているからなのだと気づいてください。世界に生きる数限りない生きものたちを目にしたならば、その生きものに息吹を与えているのは無限の存在なのだと、そして、それもまたあなたなのだと気づいてください。存在するのはたったひとつの無限の存在、トゥルー・セルフ、純粋な意識だけ。そして、それはあなたなのです。

　人生のすべての瞬間は、そしてすべての状況は、あなたに家へ帰れと──意識へ帰れと──言っているのです。つらいことが起きたなら、これは例外なく、あなたが間違った方向に進もうとしていることへの警告です──あなたは真実とは違う何かを信じてしまっているのです。私たちは、できの悪い子供のようなもの。ときにはよろめき、ひどく打ちのめされ、震えあがり、苦しみ、何度でも転んでしまいます。しかし最後には誰もが、本当の自分の姿を感じ、思い出し、理解するのです。私たちは永遠の意識であり、誰にも終わりなどないのだと。

　これは、ほんの限られた人しか知らない、シンプルな、しかし素晴らしい真実です。これが最大の秘密。

終わりなどないのです。

CHAPTER12　まとめ

- 私たちが思うような死など存在しない。肉体が死のうとも、死は魂に触れることができない。

- 死ぬ前に死ぬというのは、自分はただの一個人でしかないというマインドのまやかしに終止符を打ち、無限の意識こそ自分なのだと気づくということ。

- 肉体が死んでしまったとしても、意識や心は変わることなく、完全に覚醒し、完全に生きたまま残り続ける。

- 真理を知れば人生は自由に、そしてどこまでも安らかになる。遥かにたくさんの笑い声と自由な愛に包まれ、すべてのできごとを心の底から楽しめるようになる。そして人間と、命あるあらゆるものへの深い愛と同情が芽生える。

- 永遠なのは、あなたのトゥルー・セルフだけ。すべては訪れては立ち去り、現れては消滅する。

- 地上で生を送るというのは、テレビ・ゲームの中にアバターを持つようなもの。人は覚醒して自分たちが何者なのかに気づいて——意識なのだと気づいて——ゲームをクリアするまで、新たな肉体を手に入れ続ける。

- トゥルー・セルフとしてのあなたは、それまでよりも多くの楽しみを得られる。かつてと同じことをしていても、絶え間ない幸せと平穏を感じ続ける。

- 人生のたったひとつの目的は、完全な自分自身になること。

- 苦しみを通して人生の持つ意味を考えはじめることは珍しくない。苦しみに導かれ、本当の自分という楽園に至った人は多い。

- どんなことがあろうとも必ずうまくいくのだと理解することで、あなたはあらゆるネガティブなものから完全に解放される。そしてあなたの存在は、苦しみの中にある人々を慰めるようになる。

- 意識とは、苦しみからの出口。そして永遠への、笑顔の人生への、歓びへの、真の豊かさへの、美しさへの、そして至福への鍵。

- どこかに愛を見出したならば、その愛は自分なのだと気づくこと。

- つらいことが起きたなら、これは例外なく、あなたが間違った方向に進もうとしていることへの警告だ──あなたは真実とは違う何かを信じてしまっている。

- 私たちの目標は、本当の自分の姿を──永遠の意識を──感じ、思い出し、理解すること。

ザ・グレイテスト・シークレット　プラクティス

宣言

「私は自分の本質、意識を完全に感じます。私は本当の自分である無限の意識として、歓びの人生を歩むことを目的とし、それを満たします。私は永遠不滅の純粋な意識になる決断をします」

・意識のプラクティス
　ステップ1：「意識がありますか?」と自分に訊ねてみる
　ステップ2：意識を感じる
　ステップ3：意識で在り続ける

・1日に何度も意識を感じることで、あなたの注意を意識へと移す。

・1日に最低5分間だけ時間を取り、意識へと注意を向ける。起きたときでも、寝る前でも、他に好きなときにでもかまわない。

・ネガティブな感情が湧くたびに、自問する。「私はその感情だろうか?　それとも感情を感じている存在だろうか?」

・同じ質問（「私はその感情だろうか?　それとも感情を感じている存在だろうか?」）はネガティブな感情だけでなく、肉体的な苦痛にも使うことができる。

・スーパー・プラクティス
　ステップ1：ネガティブなものをすべて歓迎する
　ステップ2：意識で在り続ける

・「私は苦しんでいる本人だろうか？　それとも苦しみがあることを認識しているのだろうか？」と自問してみる。真実は、あなたは苦しんでいる本人ではなく、苦しみを感じている存在だ。

・「私は信じる」や「私は信じない」といった心の声が聞こえたならば、しっかりと注意すること。なぜなら、そうした言葉は信念とともに現れるからだ。

・「私は思う」や「私は思わない」といった心の声が聞こえたならば、しっかりと注意すること。これもまた、直後に信念を物語る言葉が続くことが非常に多いからだ。

・より信念を意識することができるよう、潜在意識に指示を出して信念をはっきりさせることができる。「私がひとつ残らず信念を意識できるよう、ひとつずつ信念をはっきりと見せてください」というように指示をすること。

・信念をさらけ出すには、自らの反応を感じ取ることだ。

・あらゆる反発の感情を歓迎する。

・執着心や問題から解放されるには、それらを歓迎して意識で在り続けること。

・幸せを感じられないのならば、幸せとは違うあらゆる感情を歓迎し、変えようとも排除しようともせず、そこにとどまらせてあげること。

・意識は、すべてのものに「イエス」と答える。意識はすべてのものにありのままの自由を許す。それは、世界も、世界に存在するすべても意識だからだ──すべては意識だからだ。

・立ち止まって今この瞬間を見つめること。なぜなら意識は、今この瞬間にしか認識できないものだからだ。

「たとえどんなことが訪れようと、
理由なき歓びは盤石なのです」
ジャン・フレイザー

ザ・グレイテスト・シークレット
賢者たち

　この本に登場する生きた賢者たちと同じ時代に地球に暮らせたことは、私にとって信じられないほどの幸運であり、感謝にたえません。彼らのひとりひとりが、私たちの解放と幸せのために人生を捧げてくれているのです。何十年もそうしてくれている人も、少なくありません。あなたも彼らのうち誰かの前に出れば、彼らが放つ圧倒的な愛と歓びを、そしてそれらが映し出すあなたの本当の姿を感じるでしょう。彼らを前にするチャンスに恵まれたなら、絶対に無駄にしてはいけません！　直接会うのは無理だとしても次善策として、オンラインでのチャンスは常にあります。

　真の本質への覚醒は、かつてほど困難ではなくなっています。そこに還ることは、誰にでもできるのです。ですが、未来にはもしかしたら困難なことになってしまうかもしれません。ですから今どうかあなたの時間を、人生を、そしてそうした賢者たちの言葉を、最大限に活かしてください。

セイラー・ボブ・アダムソン
　セイラー・ボブはオーストラリア人で、私のふるさとであるメルボルンに住んでいます。私が彼を知ったのは 2016 年、私たちの真の姿に気づいたあとのことでした。当時私はアメリカに住んでいたのですが、その何年も前にまだメルボルンに住んでいた当時、通勤のために毎日毎日、何年にもわたり、セイラー・ボブの家の前を通っていました。まさか、将来自分の人生にとって重要な役割を果たすことになる自己実現の導師の自宅を車で通り過ぎていたなどとは、思いもよらなかったのです。2016 年にセイラー・ボブのこ

とを知った私は、すぐに彼に会おうと飛行機に飛び乗りました。彼はもう80代になっていましたが、私は何度か彼のセミナーに参加し、一対一のセッションを持つこともできました。そして彼に会うたびに気持ちが軽くなり、幸せが増し、開放感が増えていったのです。まだ私はスピリチュアル的に覚醒しはじめたばかりで、今はもうはっきりと理解していることをなんとか把握しようと必死になっていました。セイラー・ボブがニサルガダッタ・マハラジの弟子としてインドで自分の本質に目覚めたのは、もう数十年も前のこと。それ以来ボブは真実を聞きたいと願う人々に、自宅から彼の教えを授け続けてきたのです。今は90代になっていますが、まだ自宅でのセミナーを開催し続けています。「今それを考えるのをやめて、何か問題があるのかね？」という彼の言葉ほどシンプルで重要なものは、そうはありません。セイラー・ボブは『今何か問題が？（*What's Wrong With Right Now?*）』『存在と意識：ただこれがあるだけ（*Presence-Awareness: Just This and Nothing Else*）』という本を出版しています。また、彼のウェブサイトを見れば、彼のことをさらによく理解できるでしょう。sailorbobadamson.com

ジュリアン・バーバー

　ジュリアン・バーバーはイギリスの物理学者で、3冊の本を出版しています。『なぜ時間は存在しないのか（*The End of Time: The Next Revolution in Our Understanding of the Universe*）』（邦訳は青土社）。これは、時間は幻想に過ぎないという考えを掘り下げる1冊です。『力学の発見（*The Discovery of Dynamics*）』は、ニュートンによる発見の背景を探る1冊です。そして最新巻『ヤヌス・ポイント（*The Janus Point*）』は、彼が83歳で書き上げたものです。ジュリアンのウェブサイトはこちら。platonia.com

デーヴィッド・ビンガム

　デーヴィッド・ビンガムはイギリス人です。スピリチュアルの探求者として

数十年を過ごした彼は、ジョン・ホイーラーのポッドキャストを聞いて本当の自分自身に目覚めました。ConsciousTV でのインタビューで自己実現体験を話していたのですが、まさにそのインタビューを聞いて、私の覚醒が始まったのでした。インタビューを見た私は彼の足取りをたどるように、同じポッドキャストを聞き、それからデーヴィッドに電話によるカウンセリングを受けました。そして彼に意識を体験させてもらい、私は本当の自分という真実を理解したのです。今のデーヴィッドは師として、本質を探す多くの人々の助けになっています。ConsciousTV でのインタビューは、『非二元性の会話 (*Conversations on Non-duality*)』という本にも掲載されています。さらに彼の教えについて知りたい方は、ウェブサイトを。nonconceptualawareness.com

ディーパック・チョプラ™医学博士
【米国内科医師会フェロー／FACP】

　内分泌学者のィーパック・チョプラ™は、インドからアメリカへと発見の旅をしてきた人物です。そして西洋医学に失望すると、西洋と東洋の医学的伝統を統合させた、総合健康医療へと活躍の場を移しました。1995 年、彼はチョプラ・センター・フォー・ウェルビーイングを設立。このウェルネス・センターが、総合健康企業であるチョプラ・グローバルへと成長し、全世界で何百人という人々の健康を変容させる力となってきたのです。彼は90 冊を超える本を出版し、多くのベストセラーを世に出しています。私が初めて彼の講演を聞いたのは数年前、サイエンス・アンド・ノンデュアリティ・カンファレンス、通称SANDカンファレンスでのことでしたが、講演が終わるやいなや、思わずスタンディング・オベーションを贈らずにはいられませんでした。彼の多岐にわたる数々の教えについては、ウェブサイトを見てください。deepakchopra.com

アンソニー・デ・メロ（イエズス会司祭）

　今は亡きアンソニー（トニー）・デ・メロは、インドのボンベイ（現・ムンバイ）で生まれたイエズス会司祭でした。彼がこの世にいたのはわずか55年間のことでしたが、その教えは今も変わることなく鮮やかに息づいています。西洋と東洋のスピリチュアリティを融合させた彼ならではの能力により、その教えは多くの直感と変容をもたらしました。聴衆のほとんどはカトリックで、彼もまた聖書の教えをたくさん引用しながら、意味が分かりやすいよう説いてくれました。それが語り部としての彼の才能と融合し、人々を真実に目覚めさせたのです。1987年に肉体の死を迎えてからも彼の本はベストセラーとなり続け、何百万部も売れているのです。『愛への道（*The Way to Love*）』『東洋の瞑想とキリスト者の祈り（*Sadhana*）』（邦訳は女子パウロ会）。『神への道（*A Way to God*）』『沈黙の泉（*One Minute Wisdom*）』（邦訳は女子パウロ会）。『覚者の心（*The Heart of the Enlightened*）』『ウェルスプリング（*Wellsprings*）』『小鳥の歌（*The Song of the Bird*）』（邦訳はサンマーク出版）。『飛翔する（*Taking Flight*）』なども、彼の著作です。私の第一のお気に入りは『意識　師（マスター）との対話と人生の再発見（*Awareness: Conversations with the Masters and Rediscovering Life*）』です。また、ビデオにより撮影されたものもありますが、声にほほえみを、胸に愛を宿して教えを説く彼を見ると、いつも歓びが湧き起こります。この素晴らしき導師のウェブサイトはこちらです。demellospirituality.com

ヘイル・ドゥオスキン

　伝説的存在であるレスター・レヴェンソンの生徒にして後継者、そして『ザ・シークレット』で言葉を取り上げた賢者でもあります。ヘイルはレスターのセドナ・メソッドを受け継ぎ、人が本当の真理に気づく力になることに献身しました。多くの人々の人生が変容したことにより、セドナ・メソッドは本物であると証明されました。ヘイルは定期的にリトリートを開催し、人々がネガティブなものを解放して真の自己（トゥルー・セルフ）を発見できるよう、トレーニングを行っ

ています。私の旅路の大部分は、解放です。ヘイルとレスターの教えについては『人生を変える一番シンプルな方法（*The Sedona Method*）』（邦訳は主婦の友社）。と『幸福はそこにある（*Happiness Is Free*）』ボリューム1−5にすべて収められています。ヘイルは自分の住むアメリカをはじめ世界各地で、年に数回のリトリートを開催しています。講演、テレカンファレンス、リトリートにはインターネットを通して世界中から参加でき、私もそうして何度も参加しています。こうした情報はすべてヘイルのウェブサイトにて閲覧可能です。sedona.com

ピーター・ジュバン

　ピーター・ジュバンは、意識と心、そしてスピリチュアリティを専門とする作家、講演家です。ピーターは、アメリカ生まれでアリゾナに住んでいます。私が初めて彼を知ったのは、導師から彼の本『意識こそすべて（*Consciousness Is All*）』を勧められたときでした。その本を読んだ私はオーディオ版も聞いてみました。するとピーターが自ら膨大な時間を費やして教えを説いているのが分かりました。『意識こそすべて』は洞察に満ちた、息を呑むような本です。読んでいるうちに文字通り、何度も息をするのを忘れてしまうほどなのです。この本を読んで心からよかったと思うのは、私の世界を粉々に壊してくれたことです（もちろんいい意味です！）。もしさらに先に進む用意ができているのであれば、この本は必読書でしょう。ですがあなたがまだビギナーで、ピーターの教えをシンプルな形で知りたいというのであれば、私は『シンプルな気づき（*Simply Notice*）』という本をお勧めします。彼のウェブサイトはこちら。peterdziuban.com

ジャン・フレイザー

　作家、導師、母親であるジャン・フレイザーは2003年、劇的な意識の変容を経験しました。癌の可能性という極度の恐怖を感じながら数年を過ご

した彼女からとつぜん恐怖が落ち、決して消えることのない、どこからともなく湧き上がる歓びに満たされたのです。人生を歩み続けながら彼女は、苦しみのない豊かな暮らしは手に入るのだと気づきました。今の彼女の願いは、すべての人々の中にある真実を伝えていくことです。私は幸運にも個人セッションでジャンと繋（つな）がる機会に恵まれ、彼女の素晴らしい著作を1冊残らず読みました。『恐怖が剥がれ落ちるとき：とつぜん訪れた覚醒の記録（*When Fear Falls Away: The Story of a Sudden Awakening*）』は、彼女の覚醒を綴（つづ）った日々の記録です。他にも『存在の自由：今あるもので安らぐ（*The Freedom of Being: At Ease with What Is*）』『最高の甘味料：思考の後の人生（*The Great Sweetening: Life After Thought*）』『扉を開く：ジャン・フレイザー、覚醒の教え（*Opening the Door: Jan Frazier Teachings on Awakening*）』などがあります。ジャンはとても寛容で、詩的で、とても優れた作家です。この本への引用も快く承諾してくれましたが、そこを見ても明らかでしょう。ジャンの教えについてさらに知りたい方は、彼女のウェブサイトへ。janfrazierteachings.com

ジョエル・S・ゴールドスミス

　ジョエル・S・ゴールドスミスは多くの人々から愛されたアメリカ人スピリチュアル作家、神秘主義者でした。『果てしない道（*The Infinite Way*）』という本で有名ですが、この本はもはや古典となり、世界中で私を含む多くの人たちの人生に衝撃を与えました。彼にはたくさんの著作があるほか、講演のオリジナル音声もウェブサイト上で公開されています。joelgoldsmith.com

デイヴィッド・R・ホーキンズ医学博士

　ホーキンズ博士は世界的名声を誇るアメリカ人精神科医、医師、研究者、スピリチュアル・ティーチャー、そして講演家です。科学と医学を背景に持つ彼の教えは、科学的説得力に富むものです。初めて彼を知ったのは15年以上も前、彼の本『パワーか、フォースか（*Power vs Force*）』（邦訳は

ナチュラルスピリット）を読んで大きな影響を受けたときのことでした。そして長年が過ぎたのち、数々の講演を聞き、『手放す（*Letting Go*）』を読み、また彼に学ぶこととなったのです。他の著作には『スライドの本（*Books of Slides*）』『癒やしと回復（*Healing and Recovery*)』『現実、スピリチュアリティ、そして現代人（*Reality, Spirituality and Modern Man*）』『意識のレベルを超越する（*Transcending the Levels of Consciousness*）』『神の存在の発見（*Discovery of the Presence of God*)』そして『真実か、嘘か（*Truth vs Falsehood*）』があります。ホーキンズ博士は優れた作家、講演家、教師として、世界中で多くの人々に影響を与えてきました。彼は 2012 年に肉体の死を迎えましたが、それ以降は妻のスーザンが彼の貴重な教えを生き続けさせています。デイヴィッド・ホーキンズ博士の教えと業績については、ウェブサイトに掲載されています。veritaspub.com

マイケル・ジェームス

　マイケル・ジェームスは幼いころから数多くの質問を抱え、19 歳にして、人生の意味を求めて世界中を探求しはじめました。多くの国々を回った彼はやがてヒマラヤとインドに行き着き、人生の目的や意味を求めて数々の聖地やアシュラムを訪れました。そして彼は最後にインドのティルヴァンナーマライに、何十年も前に亡くなったラマナ・マハルシのアシュラムを訪れたのです。そして、ほんの数日の滞在だったはずが、20 年もそこに留まったのでした。到着してすぐマイケルはラマナの本『私は誰だ？（*Who Am I?*)』を読み、ついに探し求めていたものを見つけたのだと悟りました。そして、ラマナ・マハルシの教えを翻訳するためにインドの言語であるタミル語を学び、それから 20 年にわたり、その仕事に没頭したのです。私が初めてマイケルを知ったのは、ConsciousTV のインタビューを見たときでした。私はすぐに彼の素晴らしい本『幸福と生の技法（*Happiness and the Art of Being*)』を読みました。ラマナの教えが凝縮された、マイケルのライフワークといえる1冊。マイケルのウェブサイトはこちら。happinessofbeing.com

バイロン・ケイティ

　ごく普通のアメリカ的生活——二度の結婚と3人の子供、輝かしいキャリア——のさなか、彼女は10年にもわたり鬱病、恐怖症、自己嫌悪、自殺願望の渦に転落し、苦しむことになります。鬱に苦しんだ彼女は自ら療養施設に入所。そしておよそ1週間ほどで覚醒し、すべての陰鬱と恐怖が消え去ることになります。それらがなくなったあとに満ちた心躍るような歓びが、それ以降ずっと彼女とともにあるのです。彼女は、思考を信じていたときには苦しみを味わったものの、思考に疑問を抱くと解放されたということでした。そして、それは自分だけでなくすべての人にとっても同じなのだということでした。自己実現の経験から、彼女は『ザ・ワーク』として知られる4つの質問を作り出したのです。その教えが世界中で苦しむ何十万人もの人々を解放し、そして今もなお解放し続けているのです。私は自分の思考を問うためにケイティの教えを用い、何度かケイティの講演に立ち会う機会にも恵まれました。そうした講演で彼女は4つの質問を使い、人々を信念から解放していたのです。彼女には、『人生を変える4つの質問（*Loving What Is*）』（邦訳はアーティストハウスパブリッシャーズ）。『マインドとともに安らぐ（*A Mind at Home with Itself*）』『タオを生きる——あるがままを受け入れる81の言葉（*A Thousand Names for Joy*）』（邦訳はダイヤモンド社）。『探すのをやめたとき愛は見つかる——人生を美しく変える四つの質問（*I Need Your Love–Is That True?*）』（邦訳は創元社）。『優しい宇宙（*A Friendly Universe*）』、子供向けの『タイガー・タイガー——それは本当？（*Tiger-Tiger– Is It True?*）』そして『4つの質問（*The Four Questions*）』などの著作があります。バイロン・ケイティの素晴らしい教えについては、ウェブサイトで。thework.com

ロック・ケリー

　ロック・ケリーは私たちが目覚めた人生を生きられるよう、さまざまな叡智と心理学、そして神経科学の研究を融合させました。ロックはさまざまな伝統や導師に学びながらスピリチュアルの旅路を歩んだ末に、真の本質に気づき

ました。ロックは教えの中で、自らに大きな歓びを、自由を、愛をもたらした経験を説き、人々が次の段階へと覚醒する助けとなってきました。彼の著作は『自由への変容（*Shift into Freedom*）』と『安らかなマインドフルネス（*The Way of Effortless Mindfulness*）』があります。彼の教えとリトリート、オンライン・ビデオ、そして開催されているコースについては、ウェブサイトへ。lochkelly.org

J・クリシュナムルティ

　1895 年にインドで生まれた故J・クリシュナムルティは、子供のころから自分の本質を理解していました。時代を問わずもっとも偉大な思想家にして宗教指導者とみなされています。私は、元夫が結婚生活を通してずっとクリシュナムルティの講演を聞き続けていたので、私もまた 20 代と 30 代は何年もずっと彼の教えに親しんできました。ですがふたたびその教えに戻って理解できるようになったのは、『ザ・シークレット』のあとでスピリチュアルの旅路を歩みはじめてからのことでした。この本に引用した賢者たちの多くは、クリシュナムルティの教えに影響を受けています。クリシュナムルティは成人してからずっと世界中で講演活動を行い、作家、科学者、哲学者、宗教家、教育者たちを相手に、人類を根本的に変容させる必要性を説き続けました。彼は全人類を愛し、国籍も信条も持たず、特定の文化の中に身を置くこともしませんでした。そして講演、執筆活動、師や生徒との対話、テレビやラジオのインタビュー、書簡などを通じ、膨大な文献を残しました。彼のウェブサイトは、その教えの宝庫になっています。jkrishnamurti.org

ロバート・ランザ医学博士

　ロバート・ランザ博士は幹細胞生物学の父のひとりとされる人物です。彼は何百という刊行物や発明を世に送り出し、30 冊を超える本を執筆しています。その中には、意識とは宇宙の単なる副産物ではなく宇宙の基礎だとする説得力のある議論を展開した『生物中心主義（*Biocentrism*）』も含まれ

ています。本書の内容に通じる彼の科学的見解を知りたいという人は、きっと『生物中心主義：宇宙の本質の理解に対する生命と意識の必要性 (*Biocentrism: How Life and Consciousness Are the Keys to Understanding the True Nature of the Universe*)』に魅了され、心に浮かぶどんな質問にも満足のいく答えを得られることでしょう。ランザ博士はタイム誌の〈世界でもっとも影響のある人物100人〉やプロスペクト誌の〈世界の思想家50人〉をはじめ、無数の賞を受賞しています。そして天才、型破りの思想家として、アインシュタインと比較されることもあります。彼についてさらに知りたい方は、ウェブサイトに。robertlanza.com

ピーター・ロウリー、カリヤニ・ロウリー

　ふたりは、私のふるさとであるメルボルンに住む、オーストラリア人の夫婦です。長年の壮絶なスピリチュアルの探求とインドへの旅を経て、ピーターとカリヤニはふたりとも自分の本質に覚醒しました。そろって覚醒する夫婦は非常に珍しいのですが、おかげでふたりがメルボルンで開くセミナーは本当に特別なものになっています。数年前にメルボルンを訪れた私はふたりのセミナーで、人生の変わるような体験をしました。そして幸運にも何度か、カリヤニと電話でのセッションを持つ機会にも恵まれたのです。ふたりの本『宝石の輝き（*A Sprinkling of Jewels*）』『ただそれだけ（*Only That*）』（邦訳はナチュラルスピリット）。は、カリヤニの執筆によるものです。詳細はウェブサイトにて。nonduality.com.au

レスター・レヴェンソン

　レスター・レヴェンソンは、伝説です。真実の光に照らされたとき病んだ肉体に何が起こるかを示した、生きた証拠です。レスターはかつて「肉体の病はマインドの病である」と言いました。彼は数え切れないほどの人々にインスピレーションを与え、90年代に肉体の死を迎えてからもなお、その教

えは多くの人々を苦しみから解放し続けているのです。レスターのスタイル
はシンプルですが、非常に明確です。だからこそ彼の教えは今後何世紀に
もわたり、人々が覚醒する助けになっていくに違いないのです。彼の教えを
受けて自己実現を果たし、そして自らも導師となっていった生徒たちも、彼
のレガシーといえるでしょう。その中に、レスターの業績の守り手、ヘイル・
ドゥオスキンもいます。彼のおかげでこの本にも、シンプルかつパワフルなレ
スターの言葉を、たくさん引用することができたのです。レスターの教えは
私の人生において重要な役割を果たしてきましたし、それは今後も変わりま
せん。この本で引用した彼の言葉のほとんどは、彼とヘイル・ドゥオスキン
による『幸福はそこにある(Happiness Is Free)』ボリューム1−5からのものです。
さらに情報を知りたい方は……。sedona.com

フランシス・ルシール
　フランシス・ルシールはフランス生まれで、今はアメリカ在住です。彼が
自分の本質に目覚めたのは30歳当時、導師であるジャン・クラインと出会
ったときでした。アメリカに移住して人に真実を教え、そして共有するよう言
ったのは、ジャン・クラインだったのです。フランシスはフランスにおいて、
名高いエコール・ポリテクニークで物理学の教育を受けていたので、明確
な科学的視点を用いて教えを説くことができました。そして見事な、明確
な、そして精密な教えを通し、この本にも引用されているルパート・スパイラ
を含め、数多くの人々を本質へと目覚めさせてきたのです。私も何度か彼と
ともにカリフォルニアでのリトリートを体験していますが、彼のもとで何時間も
ともに過ごすのは、とても大きな歓びでした。フランシスは毎年、アメリカだ
けでなくヨーロッパでもリトリートを開催しており、そのうえほぼ毎週末には
直接セミナーを開き、それをウェブキャストでシェアしています。世界中どこ
にいてもそうしたセミナーに参加し、この素晴らしい導師の寛容さを体感す
ることができるのです。フランシスには『真実、愛、美しさ(Truth Love Beauty)』
『静寂の芳香(The Perfume of Silence)』『今、永遠であること(Eternity Now)』(邦

訳はナチュラルスピリット）。という本がありますが、私はどれも、何度も何度も繰り返し読んでいます。フランシスのセミナーやリトリートでの素晴らしい教えの数々を知りたい方は、ウェブサイトで。francislucille.com

シャクティ・カテリーナ・マギ

　2003 年に覚醒して以来、シャクティ・カテリーナ・マギは教えを説き続けています。そして、私たちの本質への覚醒を「ワン・コンシャスネス」し、そのメッセージを分かち合ってくれているのです。彼女はイタリア在住のイタリア人で、オンラインでのウェビナーと並行し、ヨーロッパをはじめ世界各地でセミナーやリトリートを開催しています。セミナーはイタリア語、ときに英語で行われます。とあるスピリチュアル・カンファレンスで初めて彼女を見た私は、その講演と存在感に衝撃を受けました。彼女は英語でブログの執筆も行っており、ウェブサイトにも直感に富んだ記事をたくさん掲載しています。shakticaterinamaggi.com

ラマナ・マハルシ

　故ラマナ・マハルシは、伝説的な人物です。1896 年、16 歳だった彼は、強烈な死の恐怖に襲われます。横たわっていたラマナは、死を完全に歓迎しました。その瞬間彼は人間から、不死の魂へと変容したのです。その日からラマナという人間は、他人の視界の中にのみ存在しました——そして彼の視界には、広漠とした無限の意識しかなかったのです。ラマナの教えは、自分への問いかけを通した覚醒の道で、本書に引用した賢者たちにも広く応用されているものです。彼の教えはあなたを自分のもっとも奥底へと、すべての存在を支える唯一の現実へといざないます。私も、ラマナ・マハルシの教えを経て目覚めたひとりなのです。さらに彼について知りたい人は、ウェブサイトへ。無料ダウンロード可能な本も多数公開されています。sriramanamaharshi.org

ムージ

　ムージはジャマイカで生まれ、ティーンエイジャーのころロンドンに移り住みました。現在はポルトガルに住み、モンテ・サハジャを設立しています。彼は 1987 年、キリスト教の神秘主義者との邂逅（かいこう）により覚醒し、1993 年にはマスターである高名なインドの賢者、パパジのもとで最高潮を迎えました。それからというもの、数え切れないほどの人々がスピリチュアルの導きを求めて彼の元をおとずれ、多くの人々が真の本質に目覚めてきたのです。深淵（えん）な彼の教えは世界中へと広がっており、特に YouTube では講演の多くが無料公開されています。ムージの教えは、人の心に深く響きます。優れたユーモア、比喩、語り、たとえ話の才能で真実を照らすからです。私もオンラインで、彼の講演を数え切れないほど視聴しました。そして娘とともにポルトガルでムージのリトリートに参加したのですが、そこで娘がトゥルー・セルフを体感したのです。これ以上のお墨付きなどありはしません。ムージの本には『空よりも広く、宇宙よりも大きい（*Vaster Than Sky, Greater Than Space*）』『ホワイト・ファイアー（*White Fire*）　第 2 版』『神のマーラ（*The Mala of God*）』そして短いながらもトゥルー・セルフに覚醒するには最高の 1 冊『自由へのいざない（*An Invitation to Freedom*）』があります。本や彼の教えについて知りたい方は、ウェブサイトへ。mooji.org

私の導師

　私の導師は匿名を希望していますが、私がもっとも好きなふたりの賢者、レスター・レヴェンソンとロバート・アダムスの生徒です。4 年前、初対面となる彼女の前に立った私は、圧倒的な無上の歓びに満たされました。あのような強烈な至福を感じたら、立ち去りたいと思う人などいはしません。その強烈な至福こそ、私たちの本質なのです！　ですが残念ながら、その歓びも長くは続きませんでした。なぜなら徐々に私のマインドが、不幸とストレスを引き連れて戻ってきてしまったからです。ですが導師の導きに従い、この本にも紹介したプラクティスを実践し、定期的に彼女と会っているうち

に、私のマインドはだんだんと力を弱めていきました。今、私はほとんどの
時間を平穏と幸せのうちに過ごしています。そして、誰でもそうなれるのだと
理解しています。

ジャック・オキーフ

　ジャック・オキーフはアイルランド人で、現在はフロリダを拠点としていま
す。彼女が真実をひもとき自己実現を果たしたのは、10年以上前のことで
す。マインドを閉じ込めた枠を広げる彼女の教えには、他にはない価値があ
ります。彼女は明確に、率直に語ることでも有名で、リトリートやワークショ
ップ、そしてプライベートでのセミナーも多く開催しています。数年前にネット
上で彼女を発見した私は、その教えを知り、まるで新鮮な空気を吸い込ん
だように感じました。そして、彼女のセミナーに出席する機会にも何度か恵
まれました。彼女の著作である『生まれながらの自由（*Born to Be Free*）』（邦
訳はナチュラルスピリット）。『スピリチュアルな反逆者になる（*How to Be a
Spiritual Rebel*）』を通し、さらなるひらめきを得られることでしょう。この本に引
用した他の賢者たちと同様、彼女もまた、人々がマインドの生み出す不要
な苦しみに囚われることなく幸せの中、トゥルー・セルフとして生きることが
できるよう、献身してくれています。ウェブサイトはこちら。 jac-okeeffe.com

マックス・プランク

　ドイツ人物理学者、マックス・プランクは理論物理学に大きな貢献をしま
したが、その名声は主に、1918年にノーベル賞を受賞したエネルギー量子
の発見によるものです。これはまた、原子や素粒子のプロセスに対する人
類の理解に革命を起こした発見でもありました。

スリ・プーニャ

　インド生まれのスリ・プーニャは、ムージを含め弟子たちから「パパジ」として親しまれました。まだ9歳だったころに初めて霊的な体験をし、彼はスピリチュアリティに惹きつけられました。それから30年あまり、ラマナ・マハルシと出会いトゥルー・セルフに目覚めたことで、パパジの霊的探求は終わりを迎えることになります。80年代から90年代にかけ、数え切れないほどの人々がパパジのエネルギーに触れようと、インドのラクナウを訪れました。彼が肉体を去ったのは1997年のことです。パパジの教えの詳細は、ウェブサイトにあります。avadhuta.com

薔薇十字団

　はしがきや本文の中で、スペイン領のカナリア諸島に拠点を置く薔薇十字団について触れました。私はこの人間の意識を高めることに献身する非営利団体の、名誉会員になっています。薔薇十字団の起源は14世紀にまで遡りますが、それ以前にバビロン、エジプト、ギリシャ、ローマ、さらにはそれ以前の文化で栄えた太古の叡智を引き継ぐ、スピリチュアル的な末裔でもあります。薔薇十字団には過去に多くの著名人たちが所属し、大きな危険を冒しながらも、苦しむ人々を解放しようと黙々と献身してきました。フランシス・ベーコンは生前、薔薇十字団の指導者（インペレーター）でしたし、アイザック・ニュートンも団員でした。他にもまだまだ著名人が名を連ねているのです。現在のインペレーター、アンヘル・マルティン・ベラヨスは長年にわたり、私のメンターをしてくれました。私は10年以上にわたり薔薇十字団の教えを学び、全22段階の教育を受けました。そして、真理を理解する力となる大きな衝撃を受けたのです。薔薇十字団に関する詳細はこちら。www.rosicrucian-order.com

ルーミー

　ルーミーは13世紀の、スーフィー（イスラム教の神秘主義者）であり詩人です。彼の影響力と真実を語る鮮烈な言葉は宗教を、国境を、スピリチュアル的伝統を超越し、その詩は今もなお世界中で愛されています。

ピーター・ラッセル

　ケンブリッジ大学で物理学と数学を学んだピーター・ラッセルは、その後も人生を通して、科学とスピリチュアルの伝統を学び続けました。著作には『グローバル・ブレイン　情報ネットワーク社会と人間の課題（*The Global Brain*）』（邦訳は工作舎）。『TMテクニック（*The TM Technique*）』『いずれ目覚める（*Waking Up in Time*）』『科学から神へ（*From Science to God*）』『意識革命（*The Consciousness Revolution*）』があります。私はサン・ノゼで開かれたSANDカンファレンスで、ピーターの講演を聞く機会に恵まれました。彼のウェブサイトでは講演の数々と教えが無料で公開されています。peterrussell.com

ルパート・スパイラ

　ルパート・スパイラはイギリス生まれで、現在もイギリスに在住してセミナーやリトリートを開催しています。またヨーロッパ各地を回ってリトリートを開く他、年に何度もアメリカを訪れてもいます。元は芸術家、陶芸家であった彼は20年にわたってスピリチュアルの修練と瞑想を続けた結果、師であるフランシス・ルシールの元、自分の本質に目覚めました。明確でとても親密なルパートの教えは、多くの生徒たちの人生を変容させてきました。私がたどった覚醒への旅路──特に肉体からの離脱──においても重要な役割を果たしてくれました。ルパートは生徒に質問をされるもただ言葉で概念を説くのではなく、生徒が実際にその答えを体感することができるよう細やかに応じるのです。彼のウェブサイトでは、彼の開催するリトリートや講演に関する動画や音声が数多く公開されています。著作には『意識の本質（*The Nature*

*of Consciousness)』『ものごとの透明性（The Transparency of Things)』『プレゼンス
安らぎと幸福の技術（The Art of Peace and Happiness)』（邦訳はナチュラルスピリ
ット)。『プレゼンス　あらゆる体験の親密さ（The Intimacy of All Experience)』（邦
訳はナチュラルスピリット)。『気づきへの気づき（Being Aware of Being Aware)』
『愛情の燃え殻（The Ashes of Love)』があり、私はすべて読んでいます。
rupertspira.com

エックハルト・トール

　エックハルト・トールはドイツ生まれのスピリチュアル・ティーチャー、作家
です。エックハルトはずっと鬱に悩まされ続けてきましたが、29歳のとき、人
生をがらりと変えてしまう大きな内なる変容を経験しました。彼は52ヶ国語に
翻訳された世界的ベストセラー『さとりをひらくと人生はシンプルで楽になる
（The Power of Now)』（邦訳は徳間書店)。と『ニュー・アース　意識が変わる
世界が変わる（A New Earth)』（邦訳はサンマーク出版)。において、今この
瞬間を生きる歓びと自由とを何百万人という人々に伝えてきました。その深淵
かつシンプルな教えはすでに世界中で数え切れないほどの人々が内なる平
穏を、そしてより大きな人生の充足感を見出す力となっています。その教え
の核となっているのは、彼が人類の進化の次のステップとして捉えている、
霊的な覚醒です。この覚醒に不可欠なのは、エゴに基づいた意識状態を超
越することにあります。多くの人々と同様、私が最初にエックハルトの教えと
出会ったのも『さとりをひらくと人生はシンプルで楽になる』を読んだときのこ
とでした。この本を読んだことで多くのシフトと霊的体験が私に起こったので
す。私は数年間にわたり『わたしは「いま、この瞬間」を大切に生きます
（Practicing the Power of Now)』（邦訳は徳間書店)。をいつでも持ち歩き、そこ
に書かれたプラクティスを実践し続けました。彼には他にも『世界でいちば
ん古くて大切なスピリチュアルの教え（Stillness Speaks)』（邦訳は徳間書店)。
と児童書『存在の守護者　（Guardians of Being)』『ミルトンズ・シークレット
幸せになる世界　シンプルな方法（Milton's Secret)』（マキノ出版)。がありま

す。エックハルトは世界各地でリトリートや講演を行っており、多くの人々をエゴが創り出す苦しみの束縛から解放し続けています。eckharttolle.com

ウパニシャッド

ウパニシャッドは、紀元前800年から紀元前200年ごろにサンスクリット語で書かれたスピリチュアルの教えです。ヒンドゥー教やヴェーダの経典の一部にもなっています。

アラン・ワッツ

故アラン・ワッツは東洋哲学を西洋に広めたイギリス人著作家、教師でした。彼の見事な講演は、1973年に彼が肉体の死を迎えて長年が過ぎた今もなお、世界的に愛されています。アランは25冊の本を執筆しました（私もほとんど読んでいます）。もっとも有名なのは『「ラットレース」から抜け出す方法（*The Book: On the Taboo Against Knowing Who You Are*）』（邦訳はサンガ）。と『危険を乗り越える叡智（*The Wisdom of Insecurity*）』、そして『禅の道（*The Way of Zen*）』でしょう。アランのレクチャーのいくつかは彼の子供たちによってウェブ上で公開されており、また同サイト上では講演なども保存されています。そうしてこの惑星に対する彼の貢献は、これからの世代にも引き継がれていくのです。alanwatts.org

パメラ・ウィルソン

北カリフォルニアのベイ・エリアに住むパメラ・ウィルソンは、レスター・レヴェンソンとロバート・アダムスの生徒でした。20年以上の歳月をかけて彼女はアメリカ、カナダ、ヨーロッパを回り、あちこちでリトリートを開いたり、不二一元論の伝統、アドヴァイタに関する講演やセミナーを行ったりしてきました。私も、優しく思いやりに富んだ彼女の講演に参加する機会に、何

度か恵まれました。パメラはまたSAND（*Science and Nonduality*）刊行の『存在の神秘（*On the Mystery of Being*）』にも取り上げられています。パメラのウェブサイトには、彼女の教えが幅広く紹介されています。pamelasatsang.com

パラマハンサ・ヨガナンダ

生誕から100年以上、この世界的導師は古代インドの叡智を西洋に伝える最も偉大な伝道者とされるようになりました。ヨガナンダの人生と教えは今もなお、人種、文化、信条を超越し、あらゆる人々の光とインスピレーションの源となっているのです。彼の弟子となった人物の中には、科学、ビジネス、芸術の分野の著名人も数多いばかりか、彼自身はカルビン・クーリッジ大統領により公式にホワイトハウスに招かれてもいます。私も多くの人々と同様、何百万部もを売り上げた彼の著作『あるヨギの自叙伝（*Autobiography of a Yogi*）』（邦訳は森北出版）。で彼の教えと出会いました。スピリチュアル革命の火付け役となった忘れがたきこの本は、私にも大きな影響をもたらしました。『あるヨギの自叙伝』は、ヨガナンダが設立したセルフ・リアリゼーション・フェローシップ（SRF）のウェブサイト上でも読むことができます。ヨガナンダは他にも多くの本を出版していますが、SRFのサブスクリプション登録をすることにより、ヨガナンダ自身が書いたレッスンを見ることができます。yogananda.org

編集協力　武居　瞳子
日本語版デザイン　bookwall
本文DTP　Mojic

ザ・グレイテスト・シークレット

2021年4月23日発行 第1刷

著者	ロンダ・バーン
訳者	田内志文
発行人	鈴木幸辰
発行所	株式会社ハーパーコリンズ・ジャパン
	東京都千代田区大手町1-5-1
	03-6269-2883（営業）
	0570-008091（読者サービス係）
印刷・製本	株式会社廣済堂

©2021 Simon Tauchi
Printed in Japan
ISBN978-4-596-55163-4